Andreas Symank
Werden alle Menschen gerettet?

Andreas Symank

Werden alle Menschen gerettet?

Überlegungen zur Lehre der Allversöhnung

Das Haus der Bibel

Zürich, Basel, Genf

Erste Auflage 1982
Zweite Auflage 1983
Alle Rechte vorbehalten
© Copyright 1982 Verlag »Das Haus der Bibel« Genf

ISBN 2–8260–5006–0

Gesamtherstellung:
St.-Johannis-Druckerei C. Schweickhardt
7630 Lahr-Dinglingen
Printed in Germany   19732/1983

Werden alle Menschen gerettet?

Überlegungen zur Lehre der Allversöhnung

Inhalt

Vorbemerkungen

Allversöhnung: das ist die Auffassung, daß im Vollzug der Heilsgeschichte alle Menschen, ja alle Wesen errettet werden; das ganze von Gott erschaffene All wird am Ende mit ihm versöhnt sein.

Der vorliegenden Abhandlung zu diesem Thema liegt ein Briefwechsel zugrunde, bei dem es um den Einbruch der Allversöhnungslehre ins Leben einer Gemeinde und die daraus erwachsenen Schwierigkeiten ging. (Ich wurde angefragt, weil ich mich selber lange in Allversöhnungskreisen bewegt hatte.) Es handelt sich also um eine Gelegenheitsschrift, nicht um eine wissenschaftliche Arbeit mit dem Versuch, eine umfassende Entgegnung dieser Lehre aufzusetzen; schließlich gibt es bereits eine ganze Reihe von Schriften verschiedenen Umfangs hierüber. Vielmehr möchte ich einige Überlegungen zusammenstellen, die mir in dem mühsamen und langwierigen Prozeß der Abkehr von dieser Lehre gekommen sind, mit der ich gewissermaßen groß geworden bin und jahrelang als Christ gelebt habe – Überlegungen, die mir bei eben dieser Loslösung geholfen haben.

Dabei beginne ich mit den maßgebenden Bibelstellen, die von seiten der Allversöhnungsanhänger als Belege für ihre Auffassung angeführt werden (»Exegetisches«), komme dann zu eher allgemeinen Gedanken, die diese Lehre betreffen (»Dogmatisches«), und schließe mit einigen persönlichen Bemerkungen.

Betont sei, daß es nirgends um erschöpfende Auslegung von Schriftstellen oder Ausführung von Gedankengängen geht; eher handelt es sich um Denkanstöße, und manches, was gesagt wird, ist selbst noch unfertig und bedarf weiterer Forschung und Klärung. Wichtig scheint mir allerdings, daß man die Abhandlung nicht nur als Nachschlagewerk zu dieser oder jener Bibelstelle oder zu einem bestimmten dogmatischen Gedanken benutzt. Die einzelnen Abschnitte ergänzen sich und sollten im Zusammenhang gelesen werden.

Alles richtet sich bewußt an den, der – wie ich früher selbst einmal – von dieser Lehre eingenommen ist. Es handelt sich also nicht um eine »theoretische«, von persönlichen Bezügen gelöste Abhandlung über Für und Wider eines bestimmten Dogmas. Gegner der Allversöhnung vermissen vielleicht eine breitangelegte Aufzählung von Gerichtsaussagen; ihnen würde eine solche bereits genügen, um die Frage zu entscheiden. Mir geht es darum, dem Anhänger der Allversöhnung die Risse, Unstimmigkeiten, Menschlichkeiten, ja die unbiblischen Stellen in diesem scheinbar so festgefügten Lehrgebäude zu zeigen – nicht um zum Widerspruch herauszufordern, sondern in der Hoffnung, es möge ihm gehen wie einst mir: er werde hellhörig, mißtrauisch und schließlich bereit, dem Allversöhnungssystem den Rükken zu kehren. Daher ist auch der dritte Teil angefügt: Vielleicht sieht sich jemand selbst an einem bestimmten Punkt dieser persönlichen Erfahrungen stehen und faßt Mut, den Weg bis zum Ende zu gehen.

Ein Dreifaches sei im voraus noch vermerkt. Zum einen befasse ich mich nicht mit all den Spielarten der Allversöhnung, die in rein menschlichen, philosophischen Überlegungen wurzeln und Gottes Offenbarung in seinem Wort nicht ernst nehmen, sondern nur mit den

Allversöhnungsvertretern, die die ganze Bibel uneingeschränkt als Gottes wahres Wort ansehen und die infolgedessen von der Bibel aus argumentieren und den Versuch unternehmen, ihre Lehre biblisch zu begründen.

Zum andern: Ich habe die Allversöhnungslehre so kennengelernt, wie sie sich in verschiedenen Kreisen des deutschen, vor allem des württembergischen und des westfälischen Pietismus entwickelt hat und heute darbietet. Zu einigen dieser Gruppierungen hatte ich persönlichen Kontakt, zu anderen durch ihr Schrifttum. Auf den Nachweis der von Allversöhnungsanhängern vertretenen Gedanken in ihrer Literatur habe ich bewußt verzichtet. Ich wollte Brüder, die mir in anderen Belangen viel bedeutet haben, nicht namentlich nennen; außerdem zieht sich dieses Gedankengut quer durch die Reihen aller Allversöhnungskreise, so daß es schwer sein dürfte, ihnen im einzelnen gerecht zu werden. Es mag vorkommen, daß diese oder jene Überlegung auf eine bestimmte Gruppe nicht zutrifft; in solchem Fall möge sie sich nicht davon betroffen fühlen.

Schließlich muß klar gesagt werden, daß es nicht um eine Herabsetzung dieser Christen geht, geschweige denn um ihre Verdammung. Im Gegenteil, ich achte und schätze viele, die ich persönlich kennengelernt habe, in ihrem Christsein und in ihrem alltäglichen Leben mit Gott. Es geht nicht darum, anderen Brüdern ihre Bekehrung oder Heiligung abzusprechen, sondern es geht um die Korrektur in diesem einen Punkt der Allversöhnungslehre, von der ich der festen Überzeugung bin, daß sie auf verkehrten »Erkenntnissen« beruht.

I. EXEGETISCHES

a) Römer 5, 18–19:
Alle werden gerechtfertigt

>»Wie durch die Sünde des einen die Ver-
dammung über alle Menschen gekommen
ist, so ist auch durch die Gerechtigkeit des
einen für alle Menschen die Rechtfertigung
gekommen, die zum Leben führt. [19]Denn
wie durch den Ungehorsam des einen Menschen die vielen zu Sündern geworden sind,
so werden auch durch den Gehorsam des
einen die vielen zu Gerechten.«

Wenn die erste Hälfte von Vers 18 und 19 Realität ist – so
wird argumentiert –, dann muß dies auch für die zweite
Hälfte der beiden Verse gelten. Wenn es unbestritten ist,
daß alle Menschen Sünder wurden, dann müssen
ebenso unbestritten auch alle gerecht werden.

Das klingt überzeugend; und doch kann es durchaus
sein, daß hier nur von der Möglichkeit und nicht schon
von der Verwirklichung der Rettung aller Menschen die
Rede ist. Es darf nämlich nicht übersehen werden, daß
bei aller Gleichheit in der Gegenüberstellung von Adam
und Christus ein grundlegender Unterschied besteht:
Der Weg, ein »Mitglied« der Adams-Gesellschaft zu
werden, ist prinzipiell ein anderer als der, Glied am Leib

Jesu Christi zu werden. Adamite bin ich automatisch von meiner Geburt an; seit Adams erstem Ungehorsam herrscht die Sünde und damit der Tod über alle Menschen (Röm. 5, 12. 17). Christ hingegen bin ich nicht automatisch und werde es auch durch Jesu Gerechtigkeit nicht von selbst – hier laufen die Beziehung eines Menschen zu Adam und die zu Christus also nicht parallel! Zum Christwerden gehört das Annehmen der Gerechtigkeit, wie Vers 17 klarmacht; »die, die die Fülle der Gnade und der Gabe der Gerechtigkeit empfangen« – das wirkt wie eine einschränkende Erklärung und zeigt, wer von den »allen« nun in der Praxis Jesu Gnade erfährt.

Der ganze Abschnitt (V. 12–21) will die Größe und Überlegenheit der Gnade gegenüber der Sünde herausstellen. Das ist durchaus zu Genüge mit dem Nachweis gelungen, daß die Gnade allen Menschen *gilt* und alle Auswirkungen des Todes überwinden *kann*. Die Argumentation ist nicht erst dann vollständig, wenn die tatsächliche Annahme der Gnade durch alle Menschen, also die Allversöhnung, hinzugefügt wird.

Wohl sieht es so aus, als erlaube Paulus hier den Schluß auf die Rettung aller, ja als lehre er sie selbst; in Wirklichkeit redet er an solchen Stellen wie Vers 18 nur »ungeschützt«. Er spricht von zwei grundsätzlichen Dingen: Adams Sünde gereichte allen zum Tod, Jesu Gerechtigkeit gereicht allen zum Leben.

Was er nicht eigens anführt, ist die oben genannte Verschiedenheit, wie nun diese Todes- bzw. Lebensherrschaft zum einzelnen Menschen kommt. Prinzipiell gilt sie allen; praktisch sieht der Weg dahin verschieden aus. Das muß der Apostel hier nicht besonders erwähnen, da er ja in den vorangehenden Kapiteln ausführlich genug von der Notwendigkeit der Entscheidung und vom Verlorengehen derer geredet hat, die Jesus ablehnen (z. B. 1, 32; 2, 1–16, besonders 7–8). Er kann guten Gewissens voraussetzen, daß seine Leser das noch im Ohr haben und Kapitel 5, 18–19 nicht in falscher Weise isolieren, absolut setzen und überdehnen.

Übrigens wird in den berühmten Versen 3, 23–24 ganz ähnlich formuliert: »Alle haben gesündigt . . . und werden umsonst gerechtfertigt durch seine Gnade.« Man könnte diese Stelle vergewaltigen und die Allversöhnung aus ihr herauslesen, weil es heißt: »alle werden gerechtfertigt« – und doch kommt hier niemand auf diesen Gedanken, einfach weil es zu offensichtlich ist, daß Paulus hier nur etwas Grundsätzliches anführt: Allen steht der Weg zur Rechtfertigung aus Gnade offen. Die Einschränkung (Glaube, Gehorsam) steht ja im Kontext deutlich genug (V. 22. 26. u.ö.). Mit Kapitel 5, 12–21 greift Paulus 3, 23–24 gleichsam wieder auf und führt diesen Doppelgedanken im einzelnen aus; jene Einschränkung bleibt somit auch hier selbstverständlich bestehen.

b) Römer 11, 32: Gott erbarmt sich aller

»Gott hat alle in den Ungehorsam eingeschlossen, um sich aller zu erbarmen.«

Der erste Teil des Verses muß nicht bedeuten, Gott habe die Menschen gleichsam in den Ungehorsam geführt, sie also dazu verleitet (das kann es nicht bedeuten). Viel eher legt sich folgender Ablauf nahe: Der Mensch lebte im Ungehorsam wie in einem Haus (in das er selbst hineingegangen ist), worauf Gott zuschloß. (Man vergleiche das »Dahingegebensein« von Kapitel 1, 24. 26. 28: das Sündigen des Menschen geht dem Dahingeben Gottes voraus!) Das Einschließen ist also nicht Ursache, sondern Folge unseres Sündigens. Ebensowenig ist es Willkür Gottes (als handle er so, um uns anschließend um so schöner seine Gnade demonstrieren zu können), sondern eine Notwendigkeit, weil er gerecht ist. Es folgt zwingend aus Gottes Gottsein (andernfalls müßte Gott sein Wesen preisgeben, müßte sich selbst verleugnen).

Entsprechend erfüllt sich auch die zweite Vershälfte nicht über unsere Köpfe hinweg, sondern fordert unsere Beteiligung. Prinzipiell steht heute tatsächlich jedem der Weg zur Gnade frei; Jesus hat sich am Kreuz aller erbarmt, alle Sünde getragen. Ob jeder das annimmt, ist eine andere Sache und läßt sich unserem Vers nicht zwingend entnehmen. Er gibt lediglich ein Ziel an, ohne uns vor vollendete Tatsachen zu stellen.

Außerdem ist zu fragen, ob Paulus bei »alle« hier wirklich an »ausnahmslos alle« denkt. Beachtet man, was weiter unten (Abschnitt II a) zu »alle« ausgeführt wird, insbesondere im Zusammenhang mit Apostelgeschichte 19, 10 und Kolosser 1, 23, dann führt von dort aus eine gedankliche Linie direkt zu Römer 11, 32. Es gilt nämlich zu berücksichtigen, was hier unmittelbar vorangeht. In den Versen 30 und 31 bezieht Paulus genau dieselben Ausdrücke (»ungehorsam/ungläubig sein«, »sich erbarmen«) einmal auf Israel und einmal auf die Heiden. Daran wird deutlich, wie das »alle« von Vers

32 gemeint ist: im Sinn von »unterschiedslos alle beide«.

Paulus hat in Kapitel 9–11 die wechselvolle und miteinander verzahnte Geschichte von Juden und Heiden ausgeführt, hat dargelegt, wie einmal diese und einmal jene Gott nicht gehorchten, hat auch gezeigt, wie dennoch jede der beiden Gruppen zu ihrer Zeit Gottes Erbarmen erlangt – und faßt nun zusammen: keine von beiden kann sich über die andere erheben (denn »alle beide« haben gesündigt); und doch ist keine für immer von Gott verworfen (denn er erbarmt sich über »alle beide«).

Gewiß ist damit noch nicht ausgeschlossen, daß tatsächlich auch jeder einzelne Mensch, der zu diesen beiden Gruppen gehört, Gottes Erbarmen findet; aber offensichtlich geht der Blick des Paulus auf etwas anderes: auf die schlußendlich gleiche Stellung von Israel und den Heidenvölkern vor Gott. Zur Entscheidung der Frage, ob denn nun alle diese Menschen gerettet werden, darf die Bedingung nicht vergessen werden, die indirekt genannt wird. »Unglaube, Ungehorsam« trennte Juden und Heiden von Gott. Da aber nur der »Glaubensgehorsam« rettet, muß er bei denen zu finden sein, die Gott annimmt. Vers 30 zeigt, wieso die römischen Heidenchristen Gottes Erbarmen erlangten: »ihr habt *einst* nicht geglaubt« – mit anderen Worten: nun seid ihr gläubig geworden. Sowohl die Geschichte Israels als auch die der Heiden macht deutlich, daß nicht alle der Botschaft von Jesus Christus Glauben schenken; folglich nehmen nicht alle Menschen Gottes Gnade an, wohl aber einzelne aus »allen beiden« Gruppen. Das meint Paulus in Römer 11, 32.

c) 1. Korinther 15, 22–28: Alle werden lebendig gemacht

»Denn wie sie in Adam alle sterben, so werden sie in Christus alle lebendig gemacht werden. [23]Jeder aber in seiner Ordnung: als Erstling Christus; danach, wenn er kommen wird, alle, die Christus gehören; [24]danach kommt das Ende, wenn er das Reich Gott, dem Vater, übergeben wird, nachdem er alle Herrschaft und alle Macht und Gewalt vernichtet hat . . . [26]Der letzte Feind, der vernichtet wird, ist der Tod... [28] ...damit Gott alles in allem ist.«

Hier haben wir den locus classicus der Allversöhnungslehre vor uns. Keine Stelle wird häufiger zitiert; sie gilt als unwiderlegbar. Untersucht man sie jedoch genauer, dann spricht sie keineswegs so eindeutig für die Allversöhnung, wie es deren Vertreter gern haben möchten.

Zunächst einmal fragt sich, ob hier überhaupt von »allen Menschen« die Rede ist und nicht vielmehr nur von »allen Christen«. Schon im Vorangehenden wendet sich Paulus an die Gläubigen, und erst recht gilt das von der Fortsetzung. Nicht daß er die allgemeine Totenauferstehung leugnen würde; doch hier beschäftigen ihn offensichtlich nur die, die »in Christus entschlafen sind« (V. 18). Bereits in den Versen 12 bis 34 wird gelegentlich deutlich, daß Auferweckung mehr bedeutet als bloße Lebendigmachung des Leibes; es geht nicht um eine Auferstehung zum Gericht, sondern um die Auferstehung zu einem Leben in ewiger Herrlichkeit. Das zeigt sich noch klarer in den Ausführungen über den Auferstehungsleib (V. 35–57): Paulus bringt ihn mit Begriffen wie »Unverweslichkeit«, »Herrlichkeit«, »Kraft«, »himmlisch«, »geistlich«, »unsterblich« in Verbindung; das kann nur im Blick auf Christen gelten. Daß auch die Gottlosen auferstehen und was für einen Leib sie erhalten werden, davon redet er gar nicht. Am einfachsten ist es daher, das »alle« in Vers 22 ebenfalls nur von den Christen zu verstehen. In diesem Fall (und vieles spricht dafür, dieser Auslegung den Vorzug zu geben) käme die Stelle von vorneherein nicht als Beleg für eine Allversöhnung in Betracht; es wäre gar nicht von »allen Menschen« die Rede.

Doch nehmen wir einmal das Gegenteil an. Selbst dann ist der Schluß auf eine Allversöhnung nicht zwingend; mehrere Bedenken sind geltend zu machen.

Erstens: Was bedeutet »lebendig machen« (V. 22)? Allversöhnungsvertreter verstehen darunter nicht nur die Auferweckung des Leibes, sondern eine geistliche und leibliche Lebenserneuerung im Sinn der Errettung. Sicherlich wird das griechische Wort oft in dieser Bedeutung verwendet, aber es gibt durchaus auch andere Stellen (z.B. Röm. 4, 17; 1. Tim. 6, 13), an denen die Dimension des Heils nicht grundsätzlich miteinbezogen ist. Sicherlich spricht auch das »in Christus« zunächst für ein Lebendigwerden durch eine persönliche (Glaubens-)Beziehung zu Jesus. Doch kann »in« im Griechischen auch instrumentalen Charakter tragen (»durch Christus«). Vielleicht sollte man daher das »durch« in Vers 21 (». . . so kommt durch einen Menschen die Auferstehung der Toten«) nicht als bewußten Gegensatz zu »in« (V. 22) auffassen, sondern als einen Wechsel lediglich aus stilistischen Gründen (was ohne weiteres möglich ist). In diesem Fall hätten wir folglich zwei parallele Formulierungen, und das instrumentale Verständnis von »in« würde sich geradezu anbieten.

Zweitens: Das »denn« am Anfang von Vers 22 verknüpft diesen Vers mit dem vorangehenden so, daß er ihn begründet oder zumindest erläutert. Das bedeutet aber, daß das Lebendigmachen von Vers 22 inhaltlich nicht über das Auferwecken von Vers 21 hinausführt; andernfalls wäre es nicht Begründung, sondern Folge und Ausweitung des Gedankens von Vers 21. Auferwecken und Lebendigmachen werden hier synonym gebraucht. – Solange man in den Versen 21 und 22 nur an die Christen denkt, mögen »auferwecken« und »lebendig machen« durchaus den Nebensinn »in Herrlichkeit« tragen. Sobald man die beiden Verse jedoch auf alle Menschen ausweitet, ist man verpflichtet, diesen Nebensinn zu streichen; denn es ist auch im Allversöhnungslager unbestritten, daß die Gottlosen (zunächst einmal) zum Gericht und nicht in Herrlichkeit auferstehen.

Drittens: Selbst wenn man die Gleichsetzung von »auferwecken« mit »lebendig machen« ablehnt und in letzterem eine geistliche Erneuerung sehen will, kommt man doch nicht umhin, ihm je nach Bezugsperson eine andere Bedeutung zu geben. Christen warten auf die Erlösung ihres Leibes (Röm. 8, 23); bei Nichtchristen müßte sowohl der äußere als auch der innere Mensch erneuert werden. Weil also »lebendig machen« auf jeden Fall keine einheitliche Bedeutung trägt, scheint es am unkompliziertesten, darunter im ganzen Abschnitt »auferwecken« zu verstehen (immer vorausgesetzt, man hat »alle Menschen« und nicht nur »alle Christen« im Auge).

Wichtig ist viertens der Anfang von Vers 24. In den Reihen der Allversöhnungsanhänger wird er gewöhnlich so übersetzt: »danach (wird) der Rest (lebendig gemacht)«, wobei man an die gesamte übrige Menschheit denkt, die bei Jesu Wiederkunft noch nicht an ihn glaubt. Nun ist die Wiedergabe vom griechischen »telos« (»Ende, Ziel«), mit »Rest« äußerst fraglich und nirgends sonst im Neuen Testament belegt. Entscheidet man sich gegen sie, fällt die ganze Vorstellung einer dritten Gruppe (neben Jesus und den Christen), die auch noch der Lebenserneuerung bedarf, weg. Dann drückt Vers 24 auch nicht die Erwartung aus, daß Menschen nach Jesu Kommen errettet werden. Er spricht dann lediglich vom »Ende«, das sich daran anschließt.

Aber nehmen wir – fünftens – einmal an, »Rest« wäre hier doch eine zulässige Übersetzung. Selbst dann treten Unstimmigkeiten mit dem System der Allversöhnung auf. Es gibt zwei Möglichkeiten. Entweder man faßt »lebendig machen« als »auferwecken« auf: dann kann Vers 24 von nichts anderem sprechen als von der allgemeinen Totenauferstehung, der »zweiten« Auferstehung, über die uns Offenbarung 20 berichtet. Diese findet jedoch *vor* dem Endgericht statt – folglich taucht die Frage nach einer eventuellen Allversöhnung gar nicht auf. – Oder man versteht unter »lebendig machen« »erlösen«: dann würde diese Erlösung erst *nach* der Unterwerfung des letzten Feindes stattfinden (s. V. 24–26). Weil für Allversöhnungsvertreter die Unterwerfung der Feinde ebenfalls deren Rettung bedeutet und weil der schlimmste aller Feinde Satan ist, hieße das folglich: erst *nach* der Errettung des Teufels wird der ungläubige Teil der Menschheit erlöst – eine Reihenfolge, die kein einziger Allversöhnungsanhänger billigen würde. (Man verzeihe die ungeheuerliche Aussage von der Rettung Satans; aber genau das wird, soweit ich es übersehe, von fast allen führenden Lehrern der Allversöhnung behauptet. Ohne diesen krönenden Schluß fiele ein Schatten auf alles vorangehende Wirken der Liebe Gottes, geriete das ganze System ins Wanken.) Überhaupt vergewaltigt man – sechstens – den klaren Sinn der Worte, wenn man die Unterwerfung der Feinde kurzerhand für ihre Erlösung ausgibt. Zu offensichtlich meint Paulus das Gegenteil; kein Gedanke weist auf Rettung dieser Mächte hin; die bloße Wortwahl (Mächte, Gewalten, Feinde; herrschen, unterwerfen, vernichten) deutet in die andere Richtung. Man müßte allenfalls behaupten, mehr zu wissen als Paulus, tiefer in Gottes Geheimnisse zu schauen als er; oder aber: Paulus habe seinen Lesern bewußt verheimlicht (indem er ihre Gedanken in die entgegengesetzte Richtung lenkt), was ihm selbst offenbart war. Beides kann kein Christ im Ernst wagen.

Schließlich noch der letzte Satz: ». . . damit Gott alles in allem ist« (V. 28). So großartig und unauslotbar dieser Gedanke auch sein mag – man darf ihn doch nicht nach eigenem Ermessen ausweiten und alles das hineinpacken wollen, was unseren höchsten und tiefsten menschlichen Wünschen entspricht. Gottes Gedanken sind eben noch viel höher und tiefer als unsere, und seine neue Welt wird völlig anders sein, als wir es uns vorstellen können. Auf jeden Fall haben wir diesen Satz in seinem Zusammenhang stehen zu lassen.

Gewiß kann man das letzte Wort personal auffassen (»alles in allen«); aber das ändert nichts an der Feststellung, daß »alles« nicht im absoluten Sinn »alles« bedeuten kann. Sonst würde die Bibel ja ein pantheistisches Aufgehen aller Geschöpfe in Gott lehren, eine Vergöttlichung der Menschen, ja die Auflösung der Einzelpersonen in Gott und die Auflösung Gottes in den einzelnen. Und das tut sie nirgends, das widerspräche ihrem gesamten Gottes- und Menschenbild, ihrer ganzen Erlösungslehre.

Man könnte »Gott wird alles in allen sein« vielleicht so umschreiben: »Gott wird allen alles bedeuten« oder »Gott wird von allen ohne Einschränkung geehrt werden« oder »Gott wird alle vollständig besitzen und beherrschen« – Aussagen, die durchaus auch auf die zwar unterworfenen, aber nicht geretteten Geschöpfe zutreffen. Sicherlich ist damit das »alles in allen« nicht erschöpfend wiedergegeben; aber was immer noch darin enthalten sein mag – es wird niemals dem widersprechen, was Gott uns klar offenbart hat.

Der Schluß der Offenbarung (Kap. 21 und 22) macht deutlich, daß der Feuersee bei der Neuschöpfung von Himmel und Erde nicht abgeschafft wird; er bleibt parallel dazu weiterbestehen und gehört folglich mit zum Vollendungszustand (»siehe, ich mache alles neu«), von dem es in Offenbarung 21, 6 heißt: »Es ist geschehen« und den Paulus mit »Gott wird alles in allen sein« umschreibt. Hinter dem »zweiten Tod«, dem Feuersee (Offb. 20, 14; 21, 8) steht eben nicht mehr wie beim »ersten Tod« eine personale gottfeindliche Macht, sondern er erscheint als göttliche Gerichtsgröße; Tod und Hades werden ihm übergeben. Mithin läßt er keinen

Rückschluß auf irgendeine noch existierende Auflehnung gegen Gottes Willen zu, wie das beim ersten Tod der Fall ist, sondern ist selbst Ausdruck von Gottes Willen und fügt sich daher ohne Störung in den Vollendungszustand ein. Das Bild, das in Allversöhnungskreisen von zwar unterworfenen, aber noch nicht erretteten Geschöpfen gezeichnet wird (als würden sie Gottes Übermacht nur widerwillig, erzwungen, trotzig, zähneknirschend und schäumend in ohnmächtiger Wut anerkennen), kann also nicht stimmen; es deckt sich nicht mit dem, was Gott selbst in der Bibel vorausgesagt hat.

d) Philipper 2, 10–11:
Alle beugen sich vor Jesus

»... damit im Namen Jesu sich beugen aller derer Knie, die im Himmel und auf Erden und unter der Erde sind, [11]und alle Zungen bekennen, daß Jesus Christus der Herr ist, zur Ehre Gottes, des Vaters.«

So schön diese Stelle ist – als Beweis für die Allversöhnung kann sie schwerlich dienen; man müßte diese voraussetzen, um hier einen Beleg dafür zu finden. Allversöhnungsvertreter betonen, daß das griechische Wort für »bekennen, eingestehen, anerkennen, preisen« sonst immer den Charakter der Freiwilligkeit trägt. Das mag sein, aber darauf liegt nicht das Gewicht. Nicht nach der Motivation, sondern nach dem Inhalt des Bekenntnisses wird gefragt. Und so oder so – wenn Jesus erst einmal für alle sichtbar und mächtig regiert, stellt sich die Frage nach der Freiwilligkeit gar nicht mehr, wie wir sie jetzt kennen. Gott stellt die Welt dann vor vollendete Tatsachen, die nur noch die eine Wahl lassen (aber wie kann man von »Wahl« sprechen, wenn Alternativen fehlen?), sich ihm zu unterwerfen und ihn als einzigen und allmächtigen Herrn anzuerkennen.

Mehr will Philipper 2, 10–11 wohl nicht sagen. Die Blickrichtung geht im übrigen nicht auf die Menschen und darauf, ob sie gerettet sind, sondern auf Jesus und darauf, daß er nach seiner Erniedrigung unter alle Menschen nun tatsächlich höher steht als sie alle; und das ist auch ohne Allversöhnung gewährleistet.

Vielleicht weist auch folgende Beobachtung in diese Richtung: Das Bekenntnis lautet nicht: »Jesus Christus ist *mein* Herr«; es wird also objektiv, nicht subjektiv gesprochen, das heißt, es macht eine Aussage über Jesus als Herrn, aber nicht über den Bekenner in seiner Stellung zu Jesus, wie immer diese aussehen mag (ob nur Unterwerfung oder auch Rettung).

Ist es nicht auch beachtlich, daß von solchen die Rede ist, die »unter der Erde sind«? Also befinden sich zum Zeitpunkt dieses Bekenntnisses gar nicht alle Menschen im Himmel, sind noch gar nicht alle erlöst; und das wäre doch gerade die Vorbedingung dafür, daß man in diesem »Lobpreis aller Zungen« einen Hinweis auf die Allversöhnung sehen könnte!

Gelegentlich wird 1. Korinther 12, 3b (»Niemand vermag zu sagen: Jesus ist Herr! außer im Heiligen Geist«) als Beweis dafür zitiert, daß alle Bekenner von Philipper 2, 11 »im Heiligen Geist« und also wiedergeboren seien. Das sollte man nicht tun; die beiden Stellen können nicht als Parallelen gelten, und sei es nur aus dem einen

Grund, daß sie von ganz verschiedenen Zeitpunkten sprechen. 1. Korinther 12, 3 trifft auf die irdische Lebenszeit zu, wo ein Mensch Jesus verfluchen kann (wenn er von Satans Geist erfüllt ist); Philipper 2, 10–11 gilt (zumindest bei denen im Himmel und unter der Erde) von einem Zustand, wo alle Mächte außer Gott entmachtet sind und folglich kein anderer als Gottes Geist mehr das Sagen hat; wieder fehlt die Alternative, die es jetzt noch gibt.

Hier wird ein grundsätzlicher Fehler im Allversöhnungssystem sichtbar: Man malt das Bild der Verlorenen mit irdischen Farben. Für unsere diesseitige Zeit gilt, daß ein Mensch entweder von Christus oder von Satan beherrscht wird. Wer erlöst ist, in dem regiert Jesus; in allen anderen regiert zwangsläufig Satan. Etwas Drittes gibt es nicht. Nur wer Vergebung seiner Sünde erhalten hat, lebt also zur Ehre Gottes. Diese Doppelheit wird unzulässigerweise genauso aufs Jenseits übertragen. Man tut, als stünden alle Verurteilten auch nach dem Gericht unter Satans Herrschaft, als begingen sie weiterhin Sünde und lehnten sich in alle Ewigkeit gegen Gott auf. Folglich kann man sich auch das Rühmen Gottes durch diese Geschöpfe erst dann als freiwillig vorstellen, wenn ihnen vergeben ist; vorher muß es das bloße Lippenbekenntnis eines haßerfüllten, aufbegehrenden Herzens sein.

Bei dieser Auffassung nimmt man nicht ernst, was die Bibel von Satan, vom Tod und von allen anderen gottfeindlichen Mächten sagt: Sie werden vernichtet, d. h. vollständig entmachtet; sie werden von Ewigkeit zu Ewigkeit im Feuersee gepeinigt (1. Kor. 15, 24–26; Offb. 20, 10. 14). Das bedeutet doch, daß Satan dann niemand mehr beherrscht, auch nicht die Menschen, die sich mit ihm im Feuersee befinden. Er kann sich dort nicht heimlich wieder ein Reich aufbauen, ein Widerstandsnest gegen Gott organisieren. Er wird nicht mehr Fürst des Feuersees sein, so wie er einst der »Fürst dieser Welt« (Joh. 16, 11 u.ö.) war. Er ist vollkommen ohnmächtig. Er kann daher auch in keinem mehr Sünde hervorrufen.

Gott ist wirklich der einzige, der dann noch regiert, der »alleinige Machthaber, der König der Könige und Herr der Herren« (1. Tim. 6, 15). Es stimmt also nicht, daß Satan noch in seiner Niederlage heimlich triumphiert, noch in seiner Entmachtung seine Macht gegen Gott ausspielt, indem er bei seinem Untergang Menschen mitreißt und gegen Gott aufstachelt. Nein, von allen Ohnmächtigen wird er der Ohnmächtigste sein. Der »Vater der Lüge« (Joh. 8, 44) und Urheber der Sünde wird keine neue Gottlosigkeit mehr wirken können. Im Feuersee bleiben wohl die geschehenen Sünden als unvergebene Last auf den Verlorenen – darum erleiden sie auch die Strafe des Gerichts –, aber es wird nicht immer neu gesündigt. Es wäre unvereinbar mit einem echten Vollendungszustand, daß sich irgendwo noch ein Wille gegen Gottes Willen auflehnt. Gott wäre dann nicht überall alles, wäre nicht in allen der einzige Machthaber (vgl. 1. Kor. 15, 28b).

Wir können uns also durchaus vorstellen, daß alle Geschöpfe einmal freiwillig, aufrichtig, von keiner Gegenmacht zu einer feindlichen Haltung gedrängt Gottes Gerechtigkeit anerkennen und ihn ehren werden. Hätte sich die Voraussage, daß alle Menschen Gott preisen werden, heute schon zu erfüllen, dann müßten wir tatsächlich mit der Rettung aller rechnen. Sie wird jedoch nach dieser Zeit eintreffen, und dann gelten andere Voraussetzungen, die es ermöglichen, daß selbst vom Ort des Gerichts uneingeschränktes Lob zu Gott aufsteigt.

e) Kolosser 1, 19–20: Alles wird mit Gott versöhnt

> »Es hat Gott gefallen, mit seiner ganzen Fülle in ihm (Christus) zu wohnen [20]und durch ihn alles mit Gott zu versöhnen, es sei auf Erden oder im Himmel, indem er durch sein Blut am Kreuz Frieden machte.«

Hier haben wir zwar nicht die Lehre, wohl aber den Ausdruck buchstäblich: »die Versöhnung des Alls«. Faßt man die Stelle als Zielangabe dessen auf, was Gott für das Ende der Heilsgeschichte geplant hat, muß man immerhin zugeben, daß nur von der Möglichkeit der Allversöhnung die Rede ist; der tatsächliche Vollzug wird nicht geschildert.

Doch ist auf zweierlei aufmerksam zu machen. Es ist möglich, daß Paulus hier nicht nur die Errettung von Menschen im Auge hat, sondern daran denkt, daß durch den Ungehorsam des Menschen die gesamte übrige Schöpfung in Mitleidenschaft gezogen wurde und einer Wiederherstellung bedarf (darauf weist er in Römer 8, 19–22 hin). Vielleicht formuliert er daher so unpersönlich »alles«, »alle Dinge«, »das All« und sagt nicht einfach »alle«. »Versöhnen« bedeutet im Griechischen eigentlich »etwas verändern«, hier also »etwas wieder in

Ordnung bringen, ins rechte Verhältnis zueinander setzen« und erlaubt daher dieses erweiterte Verständnis. Da die Wiederherstellung der ganzen Schöpfung mit der Erlösung des Menschen beginnt, kann Paulus mit Fug und Recht sagen: Gott versöhnt alles, indem er Jesus am Kreuz für uns Menschen sterben läßt.

»Versöhnung« mag hier also die allgemeinere und erweiterte Bedeutung von »Friedenmachen« haben, was Wiederherstellung und Unterwerfung mit einschließt. In Kolosser 2, 11–15, wo Paulus von dem am Kreuz geschehenen Versöhnungswerk Christi spricht, redet er im selben Atemzug auch von der Entmächtigung der feindlichen Gewalten (V. 15) – nicht von deren Errettung! –; offensichtlich bildet diese Unterwerfung der gegen Gott gerichteten Mächte einen Bestandteil der Versöhnung des Alls, ja eine Voraussetzung für die Erlösung der Menschen.

Die Beobachtung, daß Paulus dabei vom Kreuz, also von einem vergangenen Ereignis, spricht, führt uns zum zweiten: Liegt es nicht viel näher, in Kolosser 1, 19–20 eine Parallele zu 2. Korinther 5, 19 zu sehen und die »Versöhnung des Alls« nicht als noch zukünftig, sondern als bereits vollzogen zu betrachten, worauf auch das Partizip (»indem er Frieden machte«) hinzuweisen scheint? Nichts hindert daran, im Gegenteil, so hat man Schrift durch Schrift erklärt. (Auch Epheser 2, 16 bestätigt dies: dort ist die zeitliche Gleichsetzung von Versöhnung und Tod am Kreuz eindeutig.) Alle Schwierigkeiten lösen sich auf, und für eine Allversöhnung am Ende der Heilsgeschichte bietet sich kein Anhaltspunkt mehr.

Denn 2. Korinther 5, 19 bezeichnet das, was Jesus am Kreuz vollbrachte, als »Versöhnung der Welt« (»Welt«

ist hier, wie sonst noch oft im Neuen Testament, Sammelbegriff für alle Menschen). Indem Jesus »die Sünde der Welt trug« (Joh. 1, 29), beseitigte er das entscheidende Hindernis; nun kann wieder Friede zwischen Gott und den Menschen herrschen. Das ganze Heilswerk ist, von Gottes Seite aus gesehen, vollendet; es muß ihm nichts mehr zugefügt werden. Die Versöhnung ist also in einem objektiven Sinn abgeschlossen. Die Sünde der Welt *ist* weggetragen, die Menschheit *ist* gestorben, als Christus starb. Das ist die »Versöhnung der Welt«, die »Allversöhnung«, wie die Bibel von ihr spricht.

Wer allerdings daraus folgert, alle Menschen seien tatsächlich mit Gott versöhnt, seien – ihnen selbst vielleicht noch unbewußt – Kinder Gottes und müßten durch die Verkündigung des Evangeliums nur noch darauf aufmerksam gemacht werden, der mißachtet die Fortsetzung des Gedankens in 2. Korinther 5. Dort heißt es nämlich, Gott habe den Christen das »Wort der Versöhnung« gegeben. Aber wie lautet diese Botschaft? Nicht: »begreift, daß ihr versöhnt seid!«, sondern: »laßt euch versöhnen mit Gott!« (V. 20). Und erst wenn ein Mensch sich Jesus zuwendet, kann er von sich sagen, er sei wirklich mit Gott versöhnt.

Wie läßt sich das erklären? Nun, das »Heilsgut«, das Jesus am Kreuz erworben hat, steht dem Menschen nicht als »Sachwert« zur Verfügung; es ist an die Person Jesu gebunden. Nur im »Heilsraum« Christi hat die Versöhnung der Welt Geltung. Bei ihm zählt das Neue, außerhalb von ihm herrscht das Alte. Nur in der Gemeinschaft mit ihm hat der einzelne realen Anteil an der Versöhnung, die alle betrifft. Nur »in ihm haben wir die

Erlösung« (Eph. 1, 7; Kol. 1, 14). Letztlich ist eben die Versöhnung eine Person, ist Jesus Christus (vgl. 1. Korinther 1, 30, wo Paulus es so formuliert: »Gott hat uns Christus zur Erlösung gemacht«).

Den Schlüssel zu dieser persönlichen Gemeinschaft mit Jesus bildet der Glaube. Durch ihn wird der einzelne in das die ganze Menschheit umfassende Heilsgeschehen einbezogen. Der Glaube eröffnet den Zugang in den »Heilsraum«. Wer sich Jesus anvertraut, ist mit ihm gestorben und auferstanden und lebt in ihm. Das Sterben Jesu am Kreuz ist sein eigenes Sterben geworden; das Leben des auferstandenen und gegenwärtigen Herrn ist sein Leben geworden.

Wir finden also beim Werk der Versöhnung zwei Stufen. Einmal wird das Kreuzesgeschehen als Versöhnung bezeichnet und ein anderesmal das Gläubigwerden. Schaut die Bibel auf Gottes Handeln, dann spricht sie zu Recht von einer abgeschlossenen Versöhnung der ganzen Welt; das ist die objektive Seite. Jesus konnte am Kreuz ohne Übertreibung sagen: »Es ist vollbracht!« (Joh. 19, 30). (Der Glaube fügt dem Heilswerk als solchem ja nichts hinzu; er »empfängt« nur die Versöhnung, Römer 5, 11). Fragt sie jedoch nach der Einbeziehung des Menschen in dieses vollbrachte Werk, so spricht sie jedesmal dann von »Versöhnung«, wenn ein einzelner Mensch zum Glauben kommt; das ist die subjektive Seite. Hier kann man nicht mehr von einer weltweiten Versöhnung reden, und das tut die Bibel auch nicht.

Wenn man also Kolosser 1, 19–20 so versteht, daß es von dieser ersten Stufe der Versöhnung spricht, dann erhalten wir einerseits eine Aussage von weltumfassender Weite (und genau das möchte Paulus in diesem Abschnitt: er will die Größe und Überlegenheit Jesu herausstellen), bekommen aber andererseits keinen Aufschluß darüber, wie viele Menschen sich denn nun dieses Versöhnungswerk im Glauben persönlich aneignen.

Vielmehr ist es so, daß, gerade weil die objektive Versöhnung beim einzelnen nur durch den Glauben wirksam wird, die Botschaft von der Versöhnung auch tiefen Ernst einschließt. Wohl ist die ganze Welt Gegenstand des Versöhnungshandelns Gottes; doch nur wer glaubt, vermag sich Gott zu nahen und also in den »Genuß« der Erlösung zu kommen. Gerade da, wo die Versöhnung verkündigt wird und alle Menschen gemeint sind, wird eine Scheidung vollzogen. Einerseits heißt es: »Gott hat seinen Sohn nicht in die Welt gesandt, um die Welt zu richten, sondern damit die Welt durch ihn gerettet wird.« – »Wer an den Sohn glaubt, der hat das ewige Leben.« Andererseits aber wird gewarnt: »Wer dem Sohn nicht gehorcht, der wird das Leben nicht sehen, sondern unter dem Zorn Gottes bleiben« (Joh. 3, 17. 36).

f) 1. Timotheus 2, 4: Gott will alle retten

»Gott will, daß alle Menschen gerettet werden und zur Erkenntnis der Wahrheit kommen.«

Zunächst sei wieder – wie schon bei Kolosser 1, 19–20 darauf hingewiesen, daß hier wohl Gottes Wille proklamiert wird, aber nichts darüber verlautet, ob er auch vollständig zur Durchführung kommt. Man sollte das nicht (mit dem Verweis auf Gottes Allmacht) für selbstverständlich halten. »Selbstverständlich« wäre es nur, wenn Gott unter Ausschluß aller seiner Geschöpfe handeln würde. Das tut er jedoch nicht, gerade da nicht, wo er alle Menschen retten will. So macht der Kontext von 1. Timotheus 2, 4 deutlich, daß Gebet für alle Menschen (V. 1) und Evangeliumsverkündigung (V. 6b. 7) nötig sind, wenn dieses Ziel der Rettung aller erreicht werden soll. Gott bezieht also Menschen mit ein, macht Christen zu seinen Mitarbeitern und läßt sein Werk gleichsam von deren Treue und Eifer abhängig werden.

Eine ähnliche Aussage aus dem Johannesevangelium hilft uns, 1. Timotheus 2, 4 richtig zu verstehen. Dort sagt Jesus zu Nikodemus: »Gott hat seinen Sohn nicht in die Welt gesandt, um die Welt zu richten, sondern damit die Welt durch ihn gerettet wird« (Joh. 3, 17). Hier wird Gottes Wille ganz genauso umschrieben wie bei Paulus: Gott will die Welt durch Jesus retten. Doch nun fährt Jesus fort: »Wer an ihn glaubt, wird nicht gerichtet; wer aber nicht glaubt, der ist schon gerichtet« (V. 18). Plötzlich wird deutlich, daß trotz Gottes erklärtem Willen nicht alle gerettet werden – wer Jesus ablehnt, hat nicht an der Erlösung teil. Richten und Retten, Gerichtetwerden und Gerettetwerden bilden nach Vers 17 das genaue Gegenteil und schließen sich gegenseitig aus; wer gerichtet wird, wird nicht nachträglich doch noch gerettet. Wer etwas anderes behauptet, stellt den klaren Sinn der Worte Jesu auf den Kopf. Es wird auch deutlich, wieso die Ungehorsamen bereits »gerichtet *sind*«. Wäre Christus nicht gekommen, dann hätten sie ohnehin keine Rettung gefunden; und da sie ihn, den einzigen

Weg zum Leben, nun ablehnen, bleiben sie in der schon bestehenden Verlorenheit. Ihr eigener Unglaube verurteilt sie.

Hier wird es uns von Christus selbst gesagt, daß Gottes Wille durchkreuzt werden kann; menschlicher Ungehorsam vermag seine Erfüllung zu verhindern. (Ebenso drückt es Jesus in Lukas 7, 30 aus: die Pharisäer und Schriftgelehrten setzten den ihnen geltenden Willen Gottes beiseite, indem sie sich nicht taufen ließen. Und in Markus 6, 5–6 heißt es, daß Jesus in Nazareth außer einigen Heilungen keine Wunder vollbringen konnte, weil ihm die Menschen dort keinen Glauben schenkten.)

Wird dabei allerdings nicht Gottes Allmacht und Überlegenheit in Frage gestellt? Es gilt, den Zusatz »durch ihn« (Joh. 3, 17) zu beachten. »Durch Jesus« will Gott alle Menschen retten, oder, wie die Verse 16 und 18 erläutern, »durch den Glauben an ihn«. Das ist nicht nur Beschreibung des Weges zum Heil, den schließlich alle gehen werden (so legen es sich die Allversöhnungsanhänger zurecht), sondern Bedingung, die nicht alle erfüllen werden, wie Vers 18 zeigt. Letztlich kommt also kein Mensch gegen Gottes Willen an. Wer Jesus annimmt, an dem offenbart sich seine Gerechtigkeit als Rettung; wer ihn ablehnt, erfährt sie als Verdammung (s. Röm. 1). Beides hat Gott so geordnet; beides ist von ihm so gewollt.

Schränkt Johannes 3, 17–18 Gottes Rettungswillen hinsichtlich des »Raumes« ein (nur »in Jesus« gibt es Erlösung), so zeigt uns 2. Petrus 3, 9 eine Begrenzung im Blick auf die Zeit. Gegen das Verständnis von 1. Timotheus 2, 4 im Sinn der Allversöhnung gibt uns diese Parallelstelle ein starkes, ein unzweideutiges Argument zur Hand. Hier wird derselbe Inhalt negativ formuliert: »Gott hat Geduld mit euch und will nicht, daß jemand verloren geht, sondern daß alle zur Buße finden.« In einem Punkt geht dieser Vers über den von Paulus hinaus – und darin bildet er eine wertvolle Ergänzung –: er zieht eine Grenzlinie. Er zeigt, daß dieses »Gott will alle Menschen retten« nicht immer seine Gültigkeit behält; es hat Zeit und Stunde. Jetzt, im Zeitalter der Gnade, versucht Gott alles, um Menschen zu erlösen; er zögert – wie Petrus beinahe den Eindruck hat – sogar seine Rückkehr zum Gericht hinaus, damit noch möglichst viele Buße tun können. Dann aber, wenn er kommt, ist seine Geduld zu Ende, d. h. dann gilt der Satz nicht mehr: »Gott will nicht, daß jemand verloren geht«; dann kann man nicht mehr Buße tun. Dann hält Gott vielmehr selbst Gericht darüber, wie sich die Menschen zu diesem seinem Willen und Einsatz stellten. Gerade weil die Möglichkeit der Rettung einmal nicht mehr besteht, ist es um so herrlicher, daß Gott jetzt, in unseren Tagen, alle Menschen retten will; ist es um so dringlicher, daß Menschen Buße tun und sich retten lassen.

Wir können 1. Timotheus 2, 4 nicht anders verstehen als in diesem Rahmen; nur so wahren wir die Prinzipien gesunder Schriftauslegung. Wohl spricht Paulus von Gottes alle einschließendem Rettungswillen; aber er läßt das – nicht anders als Petrus – nur für die jetzige Zeit gelten. Damit verliert diese Stelle jeglichen Wert für die Allversöhnungslehre; denn nach ihr müßten 1. Timotheus 2, 4 und 2. Petrus 3, 9 auf jeden Fall über den Zeitpunkt der Wiederkunft Jesu hinaus ihre Gültigkeit bewahren; bis dann ist ja erst die »kleine Herde« der Gemeinde gerettet.

g) Weitere Stellen

Alle übrigen Stellen, die noch zur Begründung der Allversöhnung angeführt werden mögen (zum Beispiel Epheser 1, 10; 1. Timotheus 4, 10; Titus 2, 11 und Offenbarung 5, 13) besitzen nicht dasselbe Gewicht wie die bisher behandelten und finden ihre Erklärung weitgehend in dem, was bereits ausgeführt wurde.

Epheser 1, 10 erinnert an Kolosser 1, 20, wirkt jedoch insofern »abgeschwächt«, als ganz deutlich nur von Unterordnung, nicht aber Versöhnung des Alls die Rede ist. Die Verse 21 und 22 a führen diese Unterwerfung des Alls näher aus und stimmen darin mit 1. Korinther 15, 24–28; Philipper 2, 9–10 und Hebräer 2, 5–8 überein. Wenn daher Epheser 1, 11 von Gott sagt, daß er »alles wirkt nach dem Rat seines Willens«, darf das nicht mit unbegründeter Selbstverständlichkeit auch auf eine Allversöhnung angewendet werden; man hat das »alles« streng in den Grenzen zu lassen, die der Zusammenhang absteckt. Wahrscheinlich bezieht sich die Aussage nicht einmal auf die Unterordnung des Alls unter das Haupt Christus (V. 10), sondern auf die Vorherbestimmung der Gemeinde (V. 11), wie Vers 5 mit seinen parallelen Formulierungen bestätigt.

1. Timotheus 4, 10 spricht von Gott als dem Retter aller Menschen. Diese Aussage ist völlig zufriedenstellend dadurch erklärt, daß Gott alle Menschen retten will (1. Tim. 2, 4) und deshalb für alle sein Leben gelassen hat (1. Tim. 2, 6). Außer ihm gibt es keinen anderen, der Menschen ebenfalls retten könnte; Gott allein steht dieser Titel zu (vgl. Apg. 4, 12). Der Zusatz »besonders der Gläubigen« schließt einerseits die Ungläubigen nicht

von Gottes Rettungswerk aus, macht jedoch auf der anderen Seite klar, daß nur die Christen das Heil auch wirklich angenommen haben und darum alle Vorrechte der Gemeinschaft mit dem lebendigen Gott genießen; die übrigen Menschen erfahren Jesus nur dann persönlich als Retter, wenn sie ihn ebenfalls im Glauben annehmen.

Im gleichen Sinn bezeichnet Paulus in Titus 2, 11 Gottes Gnade als »heilbringend für alle Menschen« und drückt damit das alle umfassende Heilsangebot aus. L. Albrecht überträgt sehr schön: »die Gnade Gottes, die alle Menschen retten kann und will.« Von der Heilsverwirklichung bei allen Menschen ist auch hier nicht die Rede.

Für Offenbarung 5, 13 gilt grundsätzlich dasselbe wie für Philipper 2, 10–11 (s. o. Abschnitt I d). Unklar ist allerdings der Zeitpunkt des Lobpreises; die Erwähnung von Geschöpfen »unter der Erde und im Meer« weist eher auf die Zeit vor der Erneuerung von Himmel und Erde hin. Vielleicht überschneidet sich hier in der prophetischen Schau des Johannes beides. Auf jeden Fall bedeutet Anbetung nicht zwingend Gerettetsein. Es ist »ein modernes Mißverständnis, aus der Huldigung sofort auf die Seligkeit derer zu schließen, die auf den Knien liegen« (A. Pohl, Die Offenbarung des Johannes, 1. Teil, Wuppertal 1973, S. 188, Anm. 193). –Sollte der Ausdruck »jedes Geschöpf« auch die Tier- und vielleicht sogar die Pflanzenwelt einschließen, so hätten wir einen interessanten Hinweis darauf, daß das Lob Gottes nicht immer durch Worte, sondern auch durch die bloße Tatsache der Unterstellung unter ihn und der Einordnung in seinen Plan geschehen kann (vgl. Stellen wie Ps. 96, 11–13; 98, 7–9; 148, 7–13; 150, 6 und Jes. 49, 13).

Vielfach werden auch weit auseinanderstehende Verse recht willkürlich kombiniert, um die Allversöhnungslehre zu stützen. So zitiert man zu 1. Timotheus 2, 4 gern Psalm 135, 6: »Alles, was Gott wohlgefällt, tut er im Himmel, auf der Erde, im Meer und in allen Tiefen.« Also, folgert man, wird Gott auch seinen Heilswillen erfüllen und alle Menschen retten. Da macht man es sich zu einfach. Psalm 135 steht doch in einem ganz anderen Zusammenhang und gibt ganz andere Beispiele für Gottes Willen. Warum greift man nicht, was viel näher liegt und unmittelbar miteinander zu tun hat, zu Johannes 3, 17 oder 2. Petrus 3, 9, die wie 1. Timotheus 2, 4 die Frage der Rettung behandeln und sich gegenseitig erklären? Oder warum schränkt man Psalm 135, 6 nicht selbst ein, indem man zum Beispiel auf Matthäus 23, 37 verweist, wo es heißt: »Jerusalem . . . wie oft habe ich deine Kinder sammeln wollen . . . und ihr habt nicht gewollt!« Hier wird die Bedingung genannt, die man so gern übersieht: der persönliche Glaubensgehorsam. Es »gefällt Gott wohl«, Menschen zu retten, die sich ihm anvertrauen; aber es gehört nicht zu Gottes Wohlgefallen, jedermann unabhängig von seiner Haltung ihm gegenüber zu erlösen. So zeigt uns die Bibel die rechten Grenzen von Gottes Wohlgefallen; man darf Psalm 135, 6 nicht nach Belieben auf alles anwenden und ins Uferlose ausdehnen.

Eine Stelle, die zwar nicht unmittelbar von Allversöhnung spricht, aber häufig dahingehend interpretiert wird, sei noch erwähnt. Es handelt sich um die etwas rätselhaft anmutende Bemerkung in Offenbarung 22, 2, daß die Blätter vom Baum des Lebens im neuen Jerusalem »den Völkern zur Heilung dienen«. Gibt Johannes hier nicht wenigstens einen leisen Hinweis auf eine sich auch noch im Jenseits ausweitende Erlösung? Ehe man alle möglichen Vermutungen in diesen Vers einströmen läßt, wird es gut sein, sich im Kontext umzusehen. Vers 14 stellt denn auch einen klaren Bezug her, indem der Baum des Lebens nochmals erwähnt wird. Nur wer seine Kleider (im Blut des Lammes, Jesus Christus) gewaschen hat, heißt es, also nur wer bereits gerettet ist, hat Anrecht auf diesen Baum und darf die Stadt (das neue Jerusalem) betreten. Das ist eindeutig. Es kann sich bei der in Vers 2 genannten Heilung also nicht um Erlösung handeln (diesen Sinn hat das griechische Wort auch nirgends sonst im Neuen Testament), da Erlösung die Voraussetzung für den Zugang zum Baum des Lebens bildet. Damit ist jeder Andeutung einer Allversöhnung der Boden entzogen. (Es wäre ja auch – bei aller Bildhaftigkeit der Darstellung – zu seltsam, wenn den Blättern des Baumes rettende Kraft zugeschrieben würde; Jesus ist doch der Erlöser!)

Im übrigen wäre es für ein Verständnis dieser Stelle im Sinn der Allversöhnung unbedingt nötig, in den »Völkern« solche zu sehen, die bis dahin noch im Feuersee gewesen sind. Genau das wird wiederum vom Kontext ausgeschlossen. Vers 15 stellt denen, die am Lebensbaum Anteil haben (V. 14), unmißverständlich die andere Gruppe gegenüber (»die Hunde, die Zauberer, die Unzüchtigen, die Mörder, die Götzendiener und alle, die die Lüge lieben und mit ihr umgehen«): sie sind »draußen«, in der Finsternis, im Feuersee.

Zwei Fragen bleiben – ohne daß davon die Allversöhnungslehre berührt wird – allerdings noch offen. Wer sind denn die in Offenbarung 22, 2 erwähnten Völker?

Dazu versucht Abschnitt II i eine Antwort zu geben. Und worin besteht ihre Heilung? Man könnte – ähnlich wie bei der »Heiligung« – an das Zurechtbringen von Entstellungen und Narben denken, die die Sünde im Charakter und Wesen der Menschen zurückgelassen hat; doch will sich das schlecht ins Bild der Vollkommenheit fügen, die uns hier geschildert wird. Viel wahrscheinlicher ist, was A. Pohl (Die Offenbarung des Johannes, 2. Teil, Wuppertal 1974, S. 334 f.) dazu ausführt: Johannes will schlicht und einfach sagen, daß es in der neuen Schöpfung keine Krankheit mehr gibt. Wenn es in Offenbarung 21, 4 heißt: »Gott wird jede Träne abwischen«, setzt das nicht voraus, daß im neuen Jerusalem noch geweint wird; das Gegenteil soll unterstrichen werden: dort herrscht ungeteilte Freude. Wenn Offenbarung 21, 6 sagt, daß Gott »dem, der Durst hat, von der Quelle des Lebenswassers umsonst« zu trinken geben wird, bedeutet das nicht, daß man auf der neuen Erde immer wieder von Durst geplagt wird, sondern im Gegenteil: daß dort alle Bedürfnisse für immer gestillt sind. Mit negativen Ausdrücken umschreibt Johannes die neue Welt, die wir uns in ihrer Herrlichkeit gar nicht vorstellen können. Der Satz »Die Blätter des Baumes dienen zur Heilung« soll auf keinen Fall irgendwelche noch vorhandenen Krankheiten andeuten, von denen Patienten genesen müßten; man könnte es vielmehr so fassen: »sie halten (nicht: machen!) gesund, sie halten geheilt, sie sorgen für andauerndes Wohlbefinden«.

h) Sonderstellung des paulinischen Schrifttums?

Überschaut man diese im einzelnen ausgeführten Bibelstellen, die angeblich eine Allversöhnung lehren, so fällt
auf, daß sie (fast) ausnahmslos aus den Briefen des
Apostels Paulus stammen. Nur ganz selten findet man
auch in anderen Teilen der Heiligen Schrift ähnlich
»deutliche« Aussagen. Diese Beobachtung bestärkt die
Allversöhnungsanhänger in ihrer Meinung – die übrigens
durchgehend in diesen Kreisen vorherrscht –, daß Paulus die höchste Offenbarung Gottes empfangen habe;
durch ihn sei Gottes Wille und Plan erst in seinem
ganzen Umfang und in seiner ganzen Tiefe verkündigt
worden, und selbstverständlich habe er daher auch
einen weiterreichenden Ausblick in die Endzeit als alle
übrigen neutestamentlichen Schreiber.

Folglich wird es nicht als störend empfunden, wenn etwa
die Evangelien nur wenig Hinweise auf eine Allversöhnung liefern – wie sollte man es anders erwarten? Jesus
unterrichtete seine Jünger eben nur über einen nahe
bevorstehenden Abschnitt der Zukunft; sagte er doch
selbst: »Noch vieles habe ich euch zu sagen; aber ihr
könnt es jetzt nicht ertragen. Wenn aber jener, der Geist
der Wahrheit, kommt, wird er euch in alle Wahrheit
führen . . . was zukünftig ist, wird er euch verkünden«
(Joh. 16, 12–13). Paulus selbst, wird gesagt, bestätige
obige Auffassung etwa durch seine Beteuerung: »Ich
habe es nicht unterlassen, euch den ganzen Ratschluß
Gottes zu verkünden« (Apg. 20, 27) oder durch seine
Bemerkung: »Mir ist das Amt anvertraut, Gottes Wort in
vollem Maß unter euch zu verkünden« (Kol. 1, 25). Wie
sind diese Verse zu verstehen? Geben sie wirklich eine

Abgrenzung gegen die übrige Botschaft des Neuen Testamentes her?

In Apostelgeschichte 20, 27 denkt Paulus nicht an die übrigen Apostel (als hätten diese nur einen Teil von Gottes Ratschluß verkündet), sondern an die falschen Hirten, die »Verkehrtes lehren werden, um die Jünger an sich zu ziehen« (V. 29–30). Diese werden der Gemeinde ein verfälschtes Evangelium predigen (wie es dann ja auch sofort in der Bewegung der »Gnosis« geschah), und im Blick auf sie betont er, das ganze Evangelium verkündet zu haben – alles zum Heil Notwendige, alles, was Gott uns über sich und seinen Plan mit seiner Schöpfung offenbart hat. Die Gemeinde soll wissen, daß ihr nichts fehlt, und soll daher gegen Menschen gewappnet sein, die angeblich noch Besseres bringen. – Sicherlich hätte Paulus seinen Mitkämpfern, den anderen Aposteln, dasselbe Zeugnis ausgestellt; auch sie verkündeten auf ihrem Arbeitsfeld den ganzen Ratschluß Gottes.

In Kolosser 1, 25 braucht man beim griechischen Wort für »in vollem Maß verkünden« nicht unbedingt an den Inhalt der Botschaft zu denken; vielleicht bezieht sich Paulus – wie zum Beispiel in Römer 15, 19; Kolosser 4, 17; Apostelgeschichte 14, 26, wo derselbe Ausdruck steht – einfach darauf, daß er seinen Auftrag »erfüllt«, indem er Gottes Wort möglichst überall verkündet. Vielleicht will er den Kolossern auch nur – ähnlich wie in Apostelgeschichte 20, 27 – versichern, daß er bei seiner Predigt eben tatsächlich alles gesagt hat, was Gott offenbarte; er hat nichts zurückbehalten, sondern alles »in vollem Maß verkündet«. Wieder wäre keine Vorrangstellung vor den anderen Aposteln festzustellen. – Selbst wenn man die Aussage jedoch so versteht, daß Paulus – im Unterschied zu den übrigen Verkündigern – Gottes Wort inhaltlich »zur Vollendung brachte«, ist immerhin der Zusammenhang zu berücksichtigen. Paulus gibt an, worin der »Zusatz« besteht, der ihm in besonderem Maß offenbart wurde: es handelt sich weder um Endzeitfragen noch um eine spezielle Erlösungslehre, sondern darum, daß auch die Heiden unmittelbaren Zugang zu Christus haben; der Umweg über das jüdische Volk ist nicht mehr nötig. Dieses »Geheimnis« verkündet Paulus. Gott hat darüber jedoch auch mit Petrus gesprochen (Apg. 10; auf dem Konzil in Jerusalem äußerte sich Petrus ganz im Sinn des Paulus, Apg. 15, 11); und die Frage der Allversöhnung wird davon auf keinen Fall berührt. Was den Heilsweg (und folglich auch die Entscheidung für oder gegen Jesus mit allen ihren Folgen) anbelangt, weiß sich Paulus eins mit allen Aposteln und versichert, daß es kein anderes, kein zweites Evangelium gibt neben dem, das sie alle verkünden (s. Apg. 15; Gal. 1, 6–10; 2, 1–10). Immer ist es dieselbe Botschaft, die die Apostel in ihrem jeweiligen Arbeitsgebiet predigen und durch die Menschen zum Glauben kommen (1. Kor. 15, 11); immer ist es dasselbe Evangelium für Juden und Griechen (1. Kor. 1, 22–24). Paulus läßt hier nicht die leiseste Aufspaltung zwischen sich und seinen Mitarbeitern im Reich Gottes zu (1. Kor. 1, 12–13).

Wenn er in Galater 1, 11–24 betont, er habe sein Evangelium ausschließlich durch Offenbarung Gottes und nicht durch Belehrung von Menschen bekommen, tut er das nicht, um den Gegensatz oder auch nur die Andersartigkeit seiner Botschaft im Vergleich mit der der zwölf Apostel herauszustellen, sondern um die Echtheit seiner Apostolizität nachzuweisen: er war genauso wie die übrigen Apostel unmittelbar von Jesus unterrichtet worden. Gerade diese gemeinsame Quelle seiner Botschaft mit der der Zwölf garantiert aber auch deren übereinstimmenden Inhalt.

Auch in Epheser 3, 3, wo Paulus schreibt, ihm sei das Geheimnis der Gemeinde aus Juden und Heiden offenbart worden, grenzt er sich damit nicht gegen die übrigen Apostel ab (als hätten sie diese Offenbarung nicht empfangen), sondern bezieht sie ausdrücklich mit ein (V. 5: »wie es jetzt seinen heiligen Aposteln und Propheten durch den Geist offenbart worden ist«). Dasselbe gilt von Kolosser 1, 26: Nicht ihm allein, sondern Gottes Heiligen (Mehrzahl!) ist dieses Geheimnis offenbart worden.

Was schließlich das eingangs zitierte Johannes 16, 12–13 betrifft, so stimmt es sicherlich, daß Gott den Christen vieles erst nach Jesu Himmelfahrt und nach Pfingsten offenbarte. Aber diese Verheißung bezog sich auf alle Jünger; jeder durfte für sich in Anspruch nehmen, daß ihn der Heilige Geist in alle Wahrheit führen werde. Eine Vorrangstellung des Paulus läßt sich unmöglich herauslesen. Eher schon denken wir, wenn von »Zukünftigem« die Rede ist, an Johannes, der mit seiner »Offenbarung« *das* prophetische Buch des Neuen Testaments geschrieben hat. Außerdem ist zu beachten, daß Jesus sagt: »Ihr könnt es jetzt noch nicht ertragen.« Die Jünger waren erst nach Vollendung von Christi Erlösungswerk imstande, seine irdischen Worte und Taten, Kreuz und Auferstehung recht zu verstehen. Was der Heilige Geist ihnen von Pfingsten an offenbarte, führte also nicht über Jesus hinaus, sondern erklärte sein Werk und stellte sein Reden ins rechte Licht; es »verherrlichte Jesus« (s. Joh. 16, 14). Das Neue, das der Heilige Geist den Jüngern mitteilte, war nicht etwas Andersartiges und Zusätzliches, was in Christi Lehre noch nicht enthalten war, sondern eine Verdeutlichung und Vertiefung des Alten. Es kann daher keinen echten Gegensatz zwischen der Lehre Jesu und der des Paulus geben. Verkündete Christus den doppelten Ausgang der Heilsgeschichte, dann predigte Paulus mit Sicherheit nichts anderes. Es ist unvorstellbar, daß einer der Apostel sein Wort über das seines Meisters stellte.

Daran ändert auch der Hinweis nichts, die paulinischen Briefe seien durch den erhöhten Christus inspiriert. Dasselbe gilt wiederum für alle anderen neutestamentlichen Schriften. Die Vorrangstellung des Paulus läßt sich nicht begründen und bleibt daher ungerechtfertigt. Paulus selbst wäre der letzte gewesen, der es gestattet hätte, sein Schrifttum über das der anderen neutestamentlichen Schreiber zu stellen. Jeder »Kanon im Kanon« ist unbiblisch, weil er die Bibel in ihren übrigen Teilen und damit als Ganzes entwertet.

Hier muß noch auf eine Stelle aufmerksam gemacht werden, die in Allversöhnungskreisen häufig zitiert wird, weil sie angeblich eben doch solche Unterteilungen in der Heiligen Schrift zuläßt, ja sogar gebietet. Es handelt sich um die Aufforderung an Timotheus, das Wort der Wahrheit »in gerader Richtung zu schneiden« (2. Tim. 2, 15). So ungefähr lautet die wörtliche Übersetzung des schwierigen griechischen Verbs »orthotomein«.

Das Kennzeichen eines treuen Gemeindemitarbeiters, so heißt es, sei, daß er die Bibel richtig »schneidet«, das heißt so aufteilt, daß jeder Mensch die ihn betreffende Botschaft Gottes erhält. Den Juden zum Beispiel sei das Gesetz gegeben worden, den Judenchristen unter anderem die Evangelien, den Gläubigen aus den Heidenvölkern hingegen die Paulusbriefe. Mit ihnen besitze die Gemeinde aus den Nationen alles, was sie zum richtigen Leben und Wirken in Christus brauche.

Mehreres läßt sich dieser Auffassung entgegnen. Zum einen: Die Übersetzung von »orthotomein« ist vor allem darum so schwierig, weil das Wort im Neuen Testament nur hier vorkommt und ansonsten nur noch zweimal in der Septuaginta, der griechischen Übersetzung des Alten Testaments, erscheint (Spr. 3, 6; 11, 5). Grundsätzlich ist es äußerst gewagt, auf ein Verb, das nur einmal vorkommt und eine so wenig klare Bedeutung hat, eine so weitreichende Lehre wie die von der »Schriftteilung« aufzubauen. Es geht nicht an, 2. Timotheus 2, 15 zum hermeneutischen (auslegerischen) Schlüssel der ganzen Bibel zu machen.

Zum zweiten: Gerade wenn man vom ursprünglichen Sinn des Wortes ausgeht, scheint es ausgeschlossen, darin eine (Auf-)Teilung der Schrift finden zu wollen. In Sprüche 3, 6; 11, 5 (Septuaginta) bedeutet das Verb offenbar »den Weg die Gegend in gerader Richtung schneiden lassen« oder »den Weg in das Gelände in gerader Richtung einschneiden«, so daß keine Umwege zum Ziel nötig sind (s. Walter Bauer, Griechisch-deutsches Wörterbuch, Berlin 1971). Also ist nicht der Weg Gegenstand des Schneidens, sondern die Gegend, in die der Weg gelegt wird. »Weg« ist nur grammatikalisch Objekt zu »schneiden«, nicht sinngemäß. Entsprechend geht es nicht darum, das »Wort der Wahrheit« zu (zer)schneiden, sondern dieses (vollständige, unversehrte) Wort zielstrebig in gerader Richtung zu führen, ohne sich durch Wortgefechte oder gottlose Redensarten aus der direkten Bahn drängen zu lassen (s. wieder W. Bauer, dessen Erklärung sich eng an die etymologisch-wörtliche Wiedergabe von »orthotomein« hält). Das Ziel des Apostels ist also nicht, innerhalb der Bibel Trennungslinien aufzurichten; das Wort als solches bleibt unangetastet.

Zum dritten: Wie die beiden Parallelformulierungen in Epheser 1, 13 und Kolosser 1, 5 zeigen, meint Paulus mit »Wort der Wahrheit« zunächst nicht die ganze Bibel, sondern das Evangelium – sein Evangelium, das er verkündet. Sollte er also fordern, innerhalb seiner Botschaft Aufteilungen vorzunehmen? Gerade das würden die Befürworter der »Schriftteilung« unbedingt ablehnen, steht für sie doch das gesamte paulinische Schrifttum geschlossen dem Rest der Bibel gegenüber. Ihre Auslegung wird überhaupt erst dadurch möglich, daß das »Wort der Wahrheit« mehr umfaßt als die Briefe des Paulus.

Zum vierten ist der Kontext zu beachten. Timotheus soll sich vor Wortstreitereien und zerstörerischen Lehren hüten, indem er rechten Gebrauch vom Evangelium macht. Paulus hat hier sicher nicht Prediger vor Augen, die die Bibel zu wenig aufteilen würden (verwendet er selbst doch neben Wort und Werk Jesu das Alte Testament ständig als Grundlage und zur Beweisführung für seine Verkündigung). Eher schon wäre zu fragen, ob nicht die »Schriftteilung« mit ihren gekünstelten und irreführenden Begriffsunterscheidungen (zum Beispiel »Leibesgemeinde« und »Brautgemeinde«; »Knechte

Gottes« und »Söhne Gottes«; »in Christus« und »im Herrn« und ähnliches; jedesmal sind angeblich verschiedene Dinge gemeint!) in die Nähe jener Position gerät, die Paulus gerade in 2. Timotheus 2, 14–16 bekämpft.

Am wahrscheinlichsten ist es, daß bei »orthotomein« in 2. Timotheus 2, 15 die ursprüngliche (bildliche) Bedeutung verblaßt ist und wir zu übersetzen haben: »das Wort der Wahrheit richtig handhaben/darbieten«. Dabei ist sowohl an den rechten Gebrauch des Evangeliums gedacht (2. Kor. 2, 17 führt das näher aus) als auch an das entsprechende Verhalten und den Gehorsam gegenüber dieser Botschaft (vgl. Gal. 2, 14: das dortige Verb »orthopodein«, »recht wandeln«, mag annähernd synonym mit »orthotomein« verwendet sein).

Nachträglich sei noch ein Beispiel genannt, in dem man einen Beweis für die weiterreichende Offenbarung bei Paulus sieht. Der Vergleich von Markus 10, 45 mit 1. Timotheus 2, 6 ergibt, daß Jesus nach der ersten Stelle sein Leben als Lösegeld für *viele,* nach der zweiten für *alle* gab. »Alle«, heißt es, sei mehr als »viele«; folglich gilt als erwiesen, daß Paulus seine Grenzen für die Rettung von Menschen weiter steckt als Jesus.

Will man das ernsthaft behaupten, muß man daraus folgendes schließen: entweder verheimlichte Christus seinen Jüngern, daß er sein Leben für *alle* lassen werde (aber wozu das? es hätte ihn doch in ihrem Urteil nur noch größer gemacht); oder er meinte zum damaligen Zeitpunkt tatsächlich, daß er sein Leben nur für einen Teil der Menschen als Lösegeld geben werde, weil er es nicht besser wußte (ein völlig unannehmbarer

Gedanke). Beides ist also abzuweisen. Paulus kann nichts anderes meinen als Jesus.

Die Lösung ist auch gar nicht schwer zu finden. Zwei Möglichkeiten bieten sich an: Entweder spricht Paulus vom *Plan* Gottes (Christi Rettungswerk gilt allen Menschen und wird allen angeboten), während Jesus an das *Ergebnis* denkt (nicht alle, nur viele nehmen die Rettung an; wenn sein Leben daher auch als Lösegeld für alle gedacht war, erweist es sich im Rückblick doch nur als Lösegeld für viele). Oder aber – und wahrscheinlich trifft das zu – betont Paulus, daß es alle sind, weil er den ganzen *Umfang* von Gottes Erlösungsplan zeigen will, während Jesus von vielen spricht, um darauf aufmerksam zu machen, daß es sich bei diesen »alle« um »viele« (um eine große Schar) handelt; er gibt den *Inhalt* an. »Alle« allein macht ja noch keine Aussage über die tatsächliche Anzahl; eine Handvoll Menschen können »alle« sein, die in einem Haus wohnen, und sind doch »wenige«. – Jesus und Paulus ergänzen sich also aufs beste; beide sprechen von derselben Menge. – Genauso macht es Paulus in Römer 5, 18–19. Im gleichen Zusammenhang spricht er einmal von »allen« und einmal von »den vielen«, um eben zu versichern, daß die »alle« nicht klein an Zahl sind.

Im übrigen liefert 1. Timotheus 2, 6 in keinem Fall einen Beleg für die Allversöhnungslehre; der Vers spricht ja nur – ähnlich wie 2. Korinther 5, 19 (s. o. Abschnitt I e) – von dem, was Jesus grundsätzlich für alle tat und was er allen anbietet. Er läßt es offen, wie viele darauf eingehen. Stellen wie Römer 2, 5–12 und 2. Thessalonicher 1, 9 zeigen unmißverständlich, daß eine Allversöhnung auch im paulinischen Schrifttum abgelehnt wird.

II. DOGMATISCHES

a) Beachtung des Zusammenhangs bei »alle«

Bei vielen Stellen, die scheinbar die Allversöhnungslehre stützen, ist es nötig und hilfreich, den Kontext nicht
aus dem Auge zu verlieren und überhaupt den Gesamt-
zusammenhang der biblischen Lehre zu berücksichtigen. Das gilt besonders bei der Verwendung des kleinen
Wörtchens »alle«, »alles«, »ganz«. Oft formuliert die
Bibel scheinbar völlig ungeschützt, und doch liegt der
Schutz in vielen anderen Stellen, die wir als einschränkende Ergänzungen im Ohr haben müssen.
Manchmal ist das ohne weiteres deutlich, so zum Beispiel in 1. Korinther 12, 6: »Gott, der alles in allen wirkt« –
hier ist ohne Zweifel nur an die verschiedenen Geistes-
gaben in den verschiedenen Christen gedacht; das sind
die »alles« und »alle« (vgl. vor allem V. 11!). Entsprechend ist bei der »Allversöhnungsstelle« Epheser 1, 11b
der Zusammenhang zu beachten (s. o. Abschnitt I g).
Ein anderes Beispiel liefert Matthäus 3, 5–6: »Da gingen
zu ihm (Johannes dem Täufer) hinaus die ganze Stadt
Jerusalem und ganz Judäa und alle Länder am Jordan,
ließen sich im Jordan von ihm taufen und bekannten
dabei ihre Sünden.« Selbstverständlich haben nicht
sämtliche Bewohner von Jerusalem und Umgebung

Buße getan; gleich anschließend (V. 7–12) ist von Menschen die Rede, die in keiner Weise von ihrem bösen Weg umkehrten. Dabei gehörten die Pharisäer und Sadduzäer doch auch zur jüdischen Bevölkerung! Überhaupt darf man das »ganz« und das »alle« hier nicht überfordern; selbst wenn man von der religiösen Oberschicht des Volkes absieht, haben bestimmt nicht alle übrigen sich taufen lassen, die gesamte Bevölkerung im statistischen Sinn. Matthäus will lediglich betonen, daß Menschen aller Art, Menschen quer durch alle religiösen und sozialen Gruppierungen von der Bußbewegung des Täufers erfaßt wurden. Das »alle« hat repräsentativen Charakter.

Ähnliches gilt von Stellen wie Apostelgeschichte 8, 14 (»Die Apostel hörten, daß Samarien das Wort Gottes angenommen hatte«), Apostelgeschichte 19, 10 (»Das geschah zwei Jahre lang, so daß alle, die in der Provinz Asien wohnten, das Wort des Herrn hörten, Juden wie Griechen«) oder Kolosser 1, 28 (»Den – nämlich Christus – verkünden wir und ermahnen jeden Menschen und lehren jeden Menschen in aller Weisheit«), obwohl hier im unmittelbaren Kontext keine Einschränkungen gemacht werden. Keiner wird behaupten, sämtliche Samariter hätten das Evangelium angenommen, ausnahmslos alle Bewohner der Provinz Asien hätten Gottes Wort gehört und Paulus habe jeden ihm erreichbaren Menschen in aller Weisheit unterrichtet. Beabsichtigt ist jeweils, die weitreichende Wirkung des Evangeliums herauszustellen: Menschen in allen Ländern und Regionen, Menschen aller Bevölkerungsschichten, aller Rassen und Klassen geraten in seinen Einflußbereich.

Wenn in alttestamentlicher Zeit »ganz Israel« vor Mose gerufen wurde, kamen gewöhnlich nur die Stammesfürsten, die Vorsteher und Ältesten zusammen. Wenn »ganz Israel« sich zu einem Gottesdienst versammelte, waren – ohne daß das eigens erwähnt werden mußte – selbstredend die ausgeschlossen, die aus irgendeinem Grund unrein waren. »Ganz«, »alle«, »alles«, so umfassend und schrankenlos es oft formuliert sein mag, kennt doch häufig Eingrenzungen, die sich aus dem näheren oder weiteren Umfeld der betreffenden Stelle ergeben. Dasselbe trifft auch auf das »alles« in Epheser 5, 20 und 1. Thessalonicher 5, 18 zu (s. u. Abschnitt II d).

Ganz deutlich ist Kolosser 1, 23: »Das Evangelium ist der ganzen Schöpfung (das bedeutet hier wie in Markus 16, 15 ›allen Menschen‹) unter dem Himmel gepredigt worden.« Paulus weiß selbst, wie viele Länder zu seiner Zeit noch nicht von Gottes Wort erreicht sind; »ganze Schöpfung« kann er nicht im numerisch-vollzähligen Sinn gemeint haben. Hier wird – ausgeprägter noch als in den bisherigen Beispielen – eine besondere Färbung des »alle« deutlich: es geht nicht um »alle ohne Ausnahme«, sondern um »alle ohne Unterschied«. Paulus denkt daran, daß die Botschaft von Jesus nicht – wie das bei den Pharisäern der Fall war – bestimmte Menschengruppen ausschloß (etwa die Heiden, die Zöllner, die Dirnen oder die Ungebildeten), sondern »unterschiedslos« an alle erging – Fromme und Gottlose, Juden und Griechen, Männer und Frauen, Sklaven und Freie. Das ist es, was er in Kolosser 1, 23 herausstellen möchte und was er selbst auf seinen Missionsreisen erlebt hat (daher die Vergangenheitsform!): wie das Evangelium alle Grenzen sprengt, jedem gilt und jeden erreicht.

Auch in dem bereits zitierten Apostelgeschichte 19, 10 mag »alle« diese Bedeutung haben: alle – nämlich sowohl Juden als auch Heiden, also unterschiedslos »alle beide«.

Dasselbe gilt wohl ebenso für 1. Timotheus 2, 1: Gott will, daß wir für »alle« Menschen beten – nicht nur für die Geringen, sondern auch für Könige und Vorgesetzte, wie Paulus in Vers 2 erläuternd beifügt. Wieder hat er weniger die Gesamtzahl der Menschen im Auge (zumal weder einzelne Christen noch ganze Gemeinden »alle« Menschen im Gebet namentlich erwähnen können), als vielmehr die verschiedenen Gruppierungen, die es in der Welt gibt. Alle ohne Unterschied will er ins Gebet der Gemeinde eingeschlossen wissen.

Daß diese Überlegung auch für die von Allversöhnungsbefürwortern so häufig erwähnte Stelle Römer 11, 32 wichtig ist, wurde bereits ausgeführt (s. o. Abschnitt I b).

Ein Beispiel für ungute Verallgemeinerung, das direkt aus dem Allversöhnungsbereich genommen ist, bieten uns Offenbarung 21, 4 und 22, 3: »Der Tod wird nicht mehr sein . . . keinerlei Fluch wird mehr sein.« Isoliert man diese Verse, so eignen sie sich wunderbar für den Nachweis, daß der Feuersee ein Ende haben muß (dort ist ja noch Tod zu finden) und daß es keinen verlorenen, verdammten Menschen mehr geben kann. – Liest man die beiden Kapitel jedoch im Zusammenhang, wird sofort klar, daß sich diese Worte nur auf die Bewohner des neuen Jerusalems beziehen, auf die Menschen, die Gott sein Volk nennt. Man überfordert die beiden Verse, will man von ihnen Auskunft über das Vorhandensein oder Nicht-mehr-Vorhandensein von Tod und Fluch an anderen Orten erhalten. Dazu muß man sich an den Kontext wenden; und Offenbarung 21, 8. 27; 22, 15 sprechen eine klare Sprache.

Ebenso darf man die Verheißung »Siehe, ich mache alles neu« (Offb. 21, 5) nicht auf alles mögliche beziehen, da der Text selbst uns die rechte Auslegung bietet. Von einer Abschaffung oder Erneuerung des Feuersees ist nirgends die Rede; »alles neu« weist unmißverständlich auf Vers 1 zurück: »ein neuer Himmel und eine neue Erde«. Gleich anschließend versichert Gott in prophetisch-gewisser Rückschau: »Es ist geschehen« (V. 6); mit anderen Worten: die Verheißung »ich mache alles neu« hat sich erfüllt. Sie betrifft Himmel und Erde, aber nicht den Ort der Verurteilten; denn dieser besteht (zumindest zu diesem Zeitpunkt) offensichtlich noch.

Ein Zitat von Ch. Hodge soll diesen Abschnitt zusammenfassen und abschließen: »Es heißt Gottes Wort verdrehen und falsch auslegen, wenn man eine Stelle lediglich deshalb in Widerspruch zu einer anderen setzt, weil der verwendete Ausdruck eine Erklärung zuläßt, die die beiden in Gegensatz zueinander bringt. Die Frage ist nicht: Was können gewisse Wörter bedeuten? sondern: Welche Bedeutung sollen sie nach der Absicht des Verfassers in dem Zusammenhang haben, in den er sie gestellt hat?« (Systematic Theology, Vol. III, Grand Rapids 1981, S. 872; Übersetzung von mir).

b) Gottes Liebe

Hier liegt recht eigentlich das Herzstück der Allversöhnungsanhänger; mit diesem Gedanken beginnen ihre

Gespräche, das steht im Mittelpunkt ihrer Bücher: wenn Gott wirklich die Liebe in Person ist, dann kann er unmöglich auch nur ein einziges seiner Geschöpfe für immer leiden lassen. Wenn man nichts über Gott wüßte als nur dies: er ist die Liebe – dann würde das schon ausreichen, um der Versöhnung des Alls gewiß zu sein.

Eigentlich liegt genau hier der wunde Punkt: wenn man nichts anderes wüßte . . . Wir wissen aber mehr, und zwar durch die Bibel. Man kann sich die schönsten Gedanken darüber machen, wie dieser Gott der Liebe sein und handeln muß (Gedanken, die menschlich und philosophisch sind, mag unser Herz uns noch so barmherzig vorkommen). Und dann geht man mit diesem Gottesbild (es ist wirklich ein Gottes-Bild, ein Abbild, nicht das Urbild) an die Bibel heran und findet dort vieles, was gar nicht recht dazu passen will. Wenn man aufrichtig ist, gibt es viele, sehr viele Bibelstellen – alttestamentliche vor allem, aber auch neutestamentliche –, die so eigentlich nicht dastehen dürften oder die zumindest wir weggelassen hätten, um unser Gottesbild nicht zu trüben. Man muß solche Stellen dann in den Rahmen des Bildes einpassen. Das führt zum Beispiel zu der sonderbaren Auslegung, der Fels, an dem die Kindlein der Babylonier zerschmettert werden sollen (Ps. 137, 9), sei ein heimlicher Hinweis auf den Felsen Jesus Christus, und wer mit ihm in Berührung komme, erlebe das Heil. Oder man hegt – unter Berufung auf Hohelied 8, 6 – die Anschauung, der Feuersee von Offenbarung 20, 10. 14–15 sei nichts anderes als das Meer der glühenden Liebe Gottes zu diesen Verurteilten, ein ganz und gar abwegiger Gedanke. – Und wenn man keine befriedigende Stelle findet, die Ungläubigen auch noch nach dem Tod eine Bekehrung gestattet, heißt es einfach: Gott will alle Menschen in seiner Liebe retten; weil er dieses Vorhaben nicht bis zu Jesu Wiederkunft ausführt, muß es eben Rettungsmöglichkeiten nach dem Sterben geben, auch wenn die Bibel sie aus Vorsicht nicht erwähnt.

Hier wird die Liebe Gottes zum alles entscheidenden Faktor, zur Prämisse, zur eigentlichen Voraussetzung beim rechten Bibellesen; und gerade darum kann dieses Bild nicht stimmen. Ich weiß selbst, wie sehr mich dieses Denken bestimmt hat, wie unmöglich es mir schien, endlose Qualen gelten zu lassen, wie ich meinte, mein ganzes Gottesbild müsse zerbrechen, wenn ich der Allversöhnung den Rücken zu kehren hätte. Bis mir schließlich klar wurde, daß nur Gott selbst in seinem Wort mir das rechte Bild von sich zu geben vermag – da konnte ich das alte loslassen.

Ich habe auch nicht auf alle Fragen zur Liebe Gottes eine Antwort; es fällt mir schwer, die Spannung von ewigem Gericht und Jesu Gnade befriedigend zu erklären. Aber muß ich das denn? Ich käme dabei doch nur immer wieder auf meine menschlichen Vorstellungen von Liebe und Strafe zurück. Nein, was wir uns klarmachen müssen, ist dies: Gott und seine Welt ist einfach so viel größer, daß wir ihn jetzt unmöglich völlig erfassen können. Wir meinen, wir dächten groß von Gottes Liebe – aber er liebt viel mehr als wir. Wir würden auch niemals so harte Urteile fällen wie er, würden nie Stafen verhängen, die in Ewigkeit nicht enden. In beidem übersteigt Gott unser Fassungsvermögen weit – in seiner Liebe und in seiner Strenge. Die Bibel zeigt uns beide Seiten und unternimmt keinen Versuch, beides harmonsich auszugleichen. Sie müßte Gott sonst auf Menschenmaß reduzieren. Vielleicht gilt hier auch – in einem übertragenen Sinn – das zweite Gebot: »Du sollst dir kein Bildnis (von Gott) machen.«

Wir haben uns mit dem abzufinden, was uns die Bibel offen mitteilt. Gott weiß schon, was wir jetzt ertragen und verstehen können; das andere wird er uns sagen, wenn wir einmal in seiner Welt sind. Wollen wir bereits heute mehr wissen, dann machen wir Gott nicht größer, sondern schmälern sein Ansehen. Wir können für unser Gottesbild keinen größeren Rahmen finden als den, den uns die Bibel zur Hand gibt. Wie wollen wir Menschen, deren Denken durch die Sünde entstellt ist und nur mit Hilfe der Bibel gesunden kann, auch beanspruchen, von uns aus zu wissen, wie ein vollkommen gerechter und liebender Gott handeln müsse? Unsere Vorstellungen über Liebe und Gerechtigkeit sind doch verdunkelt; die einzige Quelle echter, zuverlässiger Erkenntnis hierüber ist die Heilige Schrift.

Es ist wahr, daß man in Allversöhnungskreisen, das Bild, das man von Gottes Liebe hat, mit seinem Wort begründen will. Man verknüpft die beiden Aussagen, daß Gott Liebe ist und daß er ewig und unveränderlich ist, zu der an sich richtigen Folgerung, Gott werde seine Geschöpfe immer lieben. Wenn jedoch, schließt man nun weiter, nach dem Endgericht die Verdammten unwiderruflich verloren wären, würde Gott sie nicht mehr lieben, da er nichts mehr unternähme, um sie zu retten; und das könne nicht sein.

So überzeugend diese Gedankenkette klingt und so biblisch sie auch aussieht – sie schließt zumindest *eine* unbewiesene Voraussetzung mit ein: daß nämlich Gottes Liebe immer retten will. Für die gegenwärtige Zeit der Gnade gilt das wohl; aber die Ausführungen zu 1. Timotheus 2, 4 in Verbindung mit 2. Petrus 3, 9 (Abschnitt I f) haben gezeigt, daß Gott sein Angebot der Rettung mit Jesu Wiederkunft zurückzieht; er will dann nicht mehr retten, sondern Abrechnung halten. Man überträgt bei der Allversöhnungslehre also einen Grundsatz unserer Zeit vielleicht sehr logisch, aber doch unzulässig auf die Ewigkeit.

Weiter sagt man, nur bei der Allversöhnung werde Gottes Liebe und Gottes Gerechtigkeit gleichermaßen Rechnung getragen. Die Allversöhnungsgegner würden zwar die Gerechtigkeit stark betonen, doch käme bei ihnen die Liebe zu kurz. Die Allversöhnungslehre hingegen könne beides voll wahren und sei daher unbedingt vorzuziehen; sie sei schriftgemäßer. Wie sieht denn die Wahrung der Gerechtigkeit Gottes bei der Allversöhnung aus? Nun, zunächst ganz so, wie sie im Neuen Testament offenbart wird (Röm. 1): als Zorngericht für den Ungläubigen und als Rettung für den Gläubigen. Damals hätte ich den Satz »Ein Ungläubiger ist für alle Ewigkeit verloren« durchaus unterschreiben können, weil ich ihn mir folgendermaßen zurechtlegte: Solange jemand nicht an Jesus glaubt, ist er für immer verloren; denn es gibt keine Rettung ohne sein Kreuz. Kein Gericht kann retten und kein Fegefeuer läutern. Es wird auch im Jenseits nur durch den persönlichen Glauben an Christi Heilswerk Rettung geben. Jede andere Allversöhnungslehre ist entschieden abzuweisen, greift sie doch Gottes Erlösungstat im Zentrum an. Solange ein Ungläubiger also in seinem Unglauben verharrt, kommt Gottes Gerechtigkeit in unabänderlicher Verlorenheit an ihm zur Auswirkung; sobald er sich jedoch zu Jesus wendet, verwirklicht sie sich an ihm als rettende Glaubensgerechtigkeit.

So stellte ich mir das vor; und wieder ist ein Trugschluß damit verbunden. Das Ganze geht ja nur auf, wenn die Umkehr zu Jesus in der Ewigkeit noch möglich ist – und das trifft nicht zu, wie bereits nachgewiesen wurde. Es geht nur auf, wenn Christi Heilswerk dem Gottlosen auch dann noch zugänglich ist – und das tut es nicht; Hebräer 9, 26–28; 10, 26–27 schließen das aus. Es ist also gefährlich zu denken: Da die Allversöhnung ja Jesus als einzigen Weg zu Gott anerkennt, ist sie biblisch gesund und in ihrer Haltung evangelistisch. Das Evangelistische, das tatsächlich in Allversöhnungskreisen anzutreffen ist, rührt vom auch dort verkündeten Evangelium her; das eigentliche allversöhnerische Element nimmt dem Aufruf zur Entscheidung im Grund den letzten Ernst – am Ende treffen sich ja sowieso alle im Himmel. Mit einer diesseitigen Entscheidung für Jesus umgeht man nur schreckliche äonenlange Gerichtszeiten.

Vielleicht ist das ganze Bild, das man sich bei der Allversöhnung von Gottes Liebe gemacht hat, zu statisch. Die Verbindung von Liebe und ewiger Unveränderlichkeit, die gleichmäßige Wahrung von Gerechtigkeit und Gnade – das präsentiert sich zwar alles sehr ausgewogen, wird aber dem dynamischen Ablauf der Heilsgeschichte, wie ihn uns die Bibel vorstellt, nicht gerecht.

Das Kreuz, heißt es, sei doch der beste Beweis für die Allversöhnung: Jesus liebt alle so sehr, daß er für sie sein Leben ließ; wie sollte er sie nun nicht auch wirklich retten? Sonst bliebe sein Werk ja unvollendet; er hätte die Sünde vieler Menschen umsonst getragen. – Aber läßt sich Jesu Opfertod nicht auch ganz anders sehen? Nimmt man Johannes 3, 16 ernst, dann stellt er eine Rettungsaktion Gottes dar, um seine Geschöpfe zu erlösen, die sonst dem ewigen Gericht verfallen würden, und beweist damit gerade die Wirklichkeit dieses ewigen Gerichtes. Gott kennt die Schrecklichkeit endgültiger Trennung von ihm besser als wir, und weil er uns in seiner Liebe davor bewahren will, sandte er uns seinen Sohn. Dieser starb für alle, damit alle Menschen sich in ihrer willentlichen Freiheit für ihn entscheiden können und keiner behaupten darf, die Erlösung gelte ihm nicht. Jesu Tod für alle war auf jeden Fall nötig, auch wenn nur ein einziger ihn für sich in Anspruch nehmen würde. – Hier manifestiert sich Gottes Liebe zu uns also in einer ungeheuerlichen Handlung, und an diese Tat haben wir uns zu halten, wenn wir wissen wollen, was Gottes Liebe ist – nicht an irgendwelche abstrakten Vermutungen über das Wesen der Liebe im Jenseits.

Genau genommen stimmt es auch gar nicht, daß sich beim Allversöhnungssystem Gottes Liebe und Gottes Gerechtigkeit die Waage halten. Wo man die Liebe so ausdehnt, daß sie zwangsläufig alle erreichen muß, hört sie auf, Liebe zu sein; die Waagschale der Liebe schnellt in die Höhe, weil sie alles Gewicht verliert. Denn nun ist es eine Sache der Gerechtigkeit Gottes, alle Menschen zu retten; er wäre parteiisch und ungerecht, wenn er auch nur *ein* Geschöpf mit ewiger Trennung von ihm bestrafen würde. Wo bleibt da der Charakter der frei schenkenden Gnade, der unsere Erlösung kennzeichnet?

Wer sich einfach nicht vorstellen kann, daß Gott einen Teil seiner Geschöpfe für immer im Feuersee quälen wird, wer meint, daran müsse sein Bild von Gott als der Liebe in Person zerbrechen, dem mag es auch eine Hilfe sein, sich folgendes klarzumachen: Der allergrößte Teil aller Christen seit Gründung der Gemeinde Jesu – sicherlich weit über 90 Prozent – hat nicht an eine Allversöhnung geglaubt, hatte also – nach dem Urteil der Allversöhnungsanhänger – einen »grausamen« Gott. Und doch haben sie alle ihren Herrn geliebt; die Vorstellung des ewigen Gerichts hat sich offensichtlich nicht wie ein Schatten zwischen ihn und sie gelegt. Im Gegenteil, sie verkündeten ihn voller Eifer, gaben anderen von ihm Zeugnis, erwähnten auch die schreckliche Möglichkeit, am ewigen Leben vorbeizugehen. Sie behielten das nicht für sich in der Meinung, es könne andere an Gott irre werden lassen und vom Glauben abhalten. Und ihre Zuhörer lieferten sich tatsächlich diesem »schrecklichen« Gott aus; sie glaubten ihrerseits an ihn und gewannen ihn lieb, ohne eine Allversöhnung zu erwarten. – Soo grausam, so furchtbar kann dieses Gottesbild also doch nicht sein! Oder sollten alle diese Christen hart und unbarmherzig gewesen sein und sollte nur die kleine Schar der Allversöhnungsanhänger selbstlos und weitherzig genug gedacht haben, um ihren Gott im rechten Licht zu sehen? Das kann doch einfach nicht zutreffen. Wer meint, bei Ablehnung der Allversöhnung würde sein Gott zu einem grausamen Gott, der stelle sich getrost einmal auf die andere Seite; er wird feststellen, daß er wohl gewisse eigene Vorstellungen von Liebe fahren lassen muß, aber sich nicht Grausamkeit dafür einhandelt, sondern eine andere, wahrscheinlich eine echtere, höhere, göttlichere Liebe erfassen lernt.

Im übrigen hat man sich der Tatsache zu stellen, daß die Allversöhnung und speziell ihr Bild von Gottes Liebe immer wieder in der zeitgenössischen Philosophie wurzelte oder zumindest starke Anleihen bei ihr machte. Davon wird kaum einer ihrer Anhänger unbeeinflußt geblieben sein, so aufrichtig er auch der Überzeugung gewesen sein mag, alles allein mit der Bibel zu begründen. So fußte der Kirchenvater Origenes (gest. 254), der erste große Vertreter der Allversöhnungslehre, stark im Neuplatonismus, welcher lehrte, daß alles von Gott ausgegangen sei und zwangsläufig wieder zu ihm zurückkehren werde. Das Böse, alle Sünde und Strafe seien demnach nur ein dunkler Übergang zu noch größerer Herrlichkeit. Der große liberale Theologe F. D. Schleiermacher (1768 – 1834), der aus der Mentalität des deutschen Idealismus heraus die Lehre von der Allversöhnung erneuerte, konnte sich keine vollkommene Seligkeit der Geretteten vorstellen, solange gleichzeitig noch andere Menschen gequält würden und sie darum wüßten. Demgegenüber »konnte das Judentum es als Steigerung der Seligkeit für die Gerechten empfinden, wenn diese die Qual der Verworfenen erblicken würden: ›Von oben blickst du her und schaust in die Hölle deiner Feinde, erkennst sie und sagst voller Freude Dank‹ (Himmelfahrt des Mose 10, 10). ›Die zweite Freude (der sieben Freuden der Gerechten) ist, daß sie die wirren Pfade schauen, worauf der Frevler Seelen irren müssen, sowie die Strafe, die jenen bleibt‹ (4. Esra 7, 93).« (A. Pohl, Die Offenbarung des Johannes, 2. Teil, a. a. O., S. 298, Anm. 932). Diese Beispiele zeigen die Abhängigkeit von zeitbedingten menschlichen Überlegungen zu Genüge. Man mag die Haltung des Judentums als unchristlich und grausam bezeichnen und die von Origenes und Schleiermacher als geistlich und barmherzig. Unbestritten bleibt, daß beide Auffassungen nicht der Bibel entnommen sind, sondern zeitgenössischem philosophischem Denken. Menschliche Überlegungen – ob sie sich nun in ein heidnisches oder in ein frommes Gewand kleiden – bleiben eben doch immer menschlich und erreichen nie die Höhe der Offenbarung Gottes.

c) Gottes Allmacht

Wenn der Mensch, heißt es im Lager der Allversöhnung, wirklich Gottes Rettungswillen durchkreuzen kann, erweist sich Gott als nicht allmächtig, ja sogar dem Menschen unterlegen; der Mensch, nicht Gott, bestimmt dann letztlich den Gang der Heilsgeschichte. Das darf, das kann aber nicht sein: am Ende setzt Gott doch seinen Willen durch, weil er eben allmächtig ist.

Wieder stehen wir hier vor einer der großen biblischen Antinomien: Gottes Allmacht und des Menschen Freiheit. Und wieder empfinden wir: so, wie eben ausgeführt, ist die Sache zu billig gelöst, zu menschlich, zu einseitig. Die ganze Bibel lebt nachgerade von diesem Spannungsfeld, und ungezählte Male setzt sich der Mensch mit seinem Ungehorsam durch. Sicher, Gott reagiert darauf, aber eben nicht mit erlösender Liebe (erst das wäre nach Allversöhnungslehre wirkliche Allmacht), sondern mit tödlichem Gericht. Wie oft kommt Gottes

Rettungswille zu kurz, weil der Mensch ihn ablehnt. Wäre Gott – nach menschlichen Begriffen – wirklich allmächtig, so dürfte er es kein einziges Mal zulassen, daß der Mensch ihm überlegen auftritt.

Auch hier wieder müssen wir nicht gewaltsam nach Lösungen suchen, die uns die Bibel nicht zeigt, sondern sollen uns vor Augen halten, daß Gottes Wille unser Denken übersteigt und für uns unerforschlich bleibt (Röm. 11, 33–35).

Immerhin mag folgendes eine Denkhilfe sein: Gott, der den Menschen in seinem Bild, als sein Gegenüber geschaffen und ihn mit Wille, Vernunft und Gefühl ausgestattet hat, hat in seiner Allmacht beschlossen, wir sollten frei entscheiden können, wie wir uns zu ihm stellen, ob wir ihm gehorchen oder unseren eigenen Weg gehen wollen. Weil er allmächtig ist, kann er diesen seinen Entschluß auch ausführen – er läßt uns also tatsächlich immer frei entscheiden. Scheinbar gibt er damit seine Allmacht preis; in Wirklichkeit ist die Freiheit des Menschen gerade ein Zeichen seiner Allmacht. Dieser Entschluß Gottes ist nun so grundlegend, daß er dem anderen (alle Menschen zu retten) vorausgeht. Gott will uns retten, aber nur unter der Voraussetzung, daß daß wir uns frei für ihn entscheiden. (Andernfalls wären die geretteten Wesen nämlich keine Menschen mehr, sondern Marionetten.) Wenn nun jemand den Ruf Gottes zur Umkehr ablehnt, vollzieht sich zweierlei. Was den Inhalt der Entscheidung anbelangt, handelt er gegen Gottes Willen und stellt seine Macht (zumindest für diesen Augenblick) über Gottes Macht. Was jedoch den Vorgang der Entscheidung als solchen betrifft, handelt er nach Gottes Willen (denn Gott möchte, daß er sich entscheidet) und beugt sich somit unter Gottes Macht. – Mithin ist es keineswegs so, daß der Sünder sich ganz Gottes Allmacht entziehen kann; und Gott beweist seine Macht ihm gegenüber auch nicht nur dadurch, daß er ihn eines Tages rettet.

Jemand hat diese Spannung einmal sehr schön so ausgedrückt: »Es geschieht sehr vieles gegen Gottes Willen, aber es geschieht nichts ohne seinen Willen.«

Die Schwierigkeit bei diesem Punkt liegt zweifellos zum Teil darin begründet, daß man sich Gottes Willen zu »einfach« vorstellt; man will nicht gelten lassen, daß er »vielschichtig« ist. Man greift *eine* Äußerung von Gottes Willen heraus (diejenige, daß er alle Menschen retten will) und tut so, als gäbe es daneben keine andere. Jede Verletzung dieses einen Willens kommt folglich einer Herabsetzung Gottes gleich, weil er mit seinem gesamten Willen in eins gesetzt wird. Dabei kennen wir es doch aus dem menschlichen Bereich hundertfach, daß gleichzeitig verschiedene Willensäußerungen im Raum stehen, ohne sich gegenseitig zu behindern. So kann zum Beispiel ein Lehrer seine Schüler zu einem kleinen Fest bei sich zu Hause einladen; es soll am frühen Abend beginnen. Er wünscht aufrichtig die Teilnahme aller. Durch die Festsetzung des Zeitpunkts hat er jedoch unausgesprochen auch noch einen anderen Willen geäußert: daß nur der dabei ist, der um diese Zeit erscheint. Wer am Vormittag oder um Mitternacht kommt, für den wird kein Extrafest gefeiert; er hat sich selbst ausgeschlossen. Das erlaubt nun aber nicht nachträglich den Schluß, der Lehrer habe diesen Schüler nicht gern dabei gehabt. Beide Willensäußerungen gelten eben gleichzeitig, ohne sich im Weg zu stehen. An jedem Schüler erfüllt sich der Wille des Lehrers vollständig.

Entsprechendes gilt, wenn Gott uns retten will, diese Rettung jedoch an die Bedingung knüpft, Jesus Christus im Glauben anzunehmen. Wer letzteres nicht tut, verurteilt sich selbst, obwohl Gottes Wille zur Rettung ihn genauso wie alle anderen einschließt. Es wäre töricht, von den Verlorenen rückblickend zu behaupten, Gott hätte sie nie ernsthaft retten wollen. Und es wäre ebenso töricht, aus Gottes Rettungswillen für alle Menschen zu folgern, alle müßten nun auch zwangsläufig gerettet werden. Das ist eben zu einfach gedacht; so trifft es nicht einmal auf den menschlichen Bereich zu – wieviel weniger auf Gott, dessen Wesen unendlich viel komplexer ist als unseres.

Es ist mithin nicht die Überordnung der göttlichen Macht über die menschliche Freiheit als solche, die den Allversöhnungsanhänger zu seiner Auffassung führt, sondern die vorbehaltlose Verknüpfung von Gottes Allmacht mit seiner Liebe, seinem Rettungswillen. Daß letzteres nicht korrekt ist, hat Abschnitt II b gezeigt. Läßt man den Gedanken erst einmal fahren, Gottes Allmacht käme nur ans Ziel, wenn sie alle rettet, dann sieht man es als durchaus möglich an, daß sie sich auch durch die Unterwerfung aller Geschöpfe erfüllt. Und genau dieses Bild zeichnet die Bibel von Christus, dem Pantokrator: jetzt ist er Retter, dann Richter und schließlich der Herrscher über das ganze Universum.

Die menschliche Freiheit als solche bildet auch für die Allversöhnungsvertreter kein letztes Problem. Kaum einer von ihnen wird im Ernst behaupten, es läge nichts an der Entscheidung des Geschöpfes für oder gegen

Jesus. Jeder weiß, daß sie den Schlüssel bildet, der das herrliche Haus des Heils aufschließt, das Gott uns bereitet hat. Man weiß, daß man ihre Bedeutung nicht herunterspielen kann, ohne sowohl den Menschen in seinem Menschsein als auch Gott, der ihn in seinem Bild geschaffen hat, zu entwürdigen. Darum betont die Allversöhnungslehre ja auch, daß nicht die Gerichte als solche den Verurteilten zur Umkehr zwingen, sondern ihn nur in seinem Stolz und seiner Auflehnung zerbrechen und damit reif machen für eine freiwillige Hinwendung zu Jesus. Und wenn einer gar nicht will? Nun, denkt man sich, die Ewigkeit ist lang, und die Gerichte zermürben, und Gottes Geduld ist unerschöpflich, bis auch der letzte von sich aus ja sagt zur Rettung durch Jesus. Auf jeden Fall wird daran deutlich, daß man sich den Menschen selbst dann nicht in seiner geschöpflichen Freiheit überfahren vorstellt.

d) Sünde: gottgewollt und segensreich?

Häufig findet man in Allversöhnungskreisen eine Tendenz, die in diese Richtung geht: als wäre der Satan nur eine Schachfigur in Gottes großem ewigem Spiel, als wäre die Sünde eine (gewollte!) spannungsreiche Disharmonie, die sich bald in einen wundervollen harmonischen Klang auflöst. Die Leichtfertigkeit, mit der hier manchmal geredet wird, grenzt an Verachtung des Sterbens Jesu und erinnert an das Prophetenwort: »Weh denen, die das Böse gut und das Gute böse nennen, die Finsternis als Licht hinstellen und Licht als

Finsternis, die Bitteres für süß und Süßes für bitter ausgeben!« (Jes. 5, 20).

So verweist man zum Beispiel auf die wiederholte Aufforderung des Paulus: »Sagt Dank für alles!« (Eph. 5, 20; 1. Thess. 5, 18). Für alles – schließt das nicht auch das Böse ein? Und folgt dann nicht daraus, daß das Böse seinen Sinn hat und zu einem guten Ende führt? Faßt man jedoch die gesamte Lehre der Bibel ins Auge, dann versteht es sich von selbst, daß »alles« beschränkt sein muß auf das, was Gott zum Ursprung hat, auf alles, was unser geschöpfliches und erst recht unser geistliches Leben fördert. Dazu kann auch einmal ein Unfall, eine Krankheit oder sonst eine Schwierigkeit zählen, die Gott zuläßt, weil er uns dadurch fester an sich binden will. Widrige Umstände können – so »böse« sie scheinen – doch im Glauben dankbar angenommen werden; aber sie sind klar zu unterscheiden von ethisch Bösem, von Auflehnung gegen Gott. Für Sünde, Gottlosigkeit und Teuflisches dürfen wir auf keinen Fall danken. Gott allein ist gut; nur was von ihm kommt, ist gut. Nichts, aber auch gar nichts, was von Satan ausgeht, dürfen wir dankbar akzeptieren. Jesus kam ja, um dessen Werke zu zerstören; die ganze Heilsgeschichte wurde in Gang gesetzt, um uns von der Sünde zu trennen und Satan zu entreißen: Wie dürften wir es da wagen, für ihn, für sie zu danken? Das würde ja die Sünde gutheißen. Für den gottlosen Zustand des unbekehrten Menschen danken hieße den Fall rechtfertigen!

Sünde fördert geistliches Leben niemals; wer etwas anderes behauptet, verfällt dem Gericht von Römer 3, 5–8; 6, 1–2. Daß Gott dennoch, wie es in einem Lied heißt, »aus Sünde Segen machen« kann, liegt nicht an der Sünde, sondern daran, daß Gott in seiner Barmherzigkeit auch in der Finsternis gegenwärtig ist, unsere Hand ergreift und uns in sein Licht herausholt. Nicht *weil* Josephs Brüder Böses im Sinn hatten, sondern *obwohl* es so stand, hat Gott alles gut ausgehen lassen (1. Mose 50, 20). Sünde hilft nie weiter (etwa so, daß wir hinterher vermehrte Selbst- und Gnadenerkenntnis hätten); sie verstrickt uns vielmehr unlöslich ins Verderben, und es ist einzig Gottes Gnade, daß er uns sucht und herauslöst und uns die Augen für die Sünde öffnet. Sünde als solche macht nur blind, sie erleuchtet uns nicht im geringsten. Wer das Gegenteil behauptet, reißt die absoluten Grenzen ein, die zwischen dem heiligen Gott und der Sünde stehen, zwischen Finsternis und Licht, und um derentwillen Jesus sterben mußte. Er verflacht alle radikalen Gegensätze zwischen Gott und Satan, um die es doch in der ganzen Heilsgeschichte geht.

Es stimmt nicht, daß die Finsternis der Sünde eine notwendige heilsgeschichtliche Voraussetzung dafür war, daß die Menschen Gottes Licht erkennen konnten. Wir *mußten* nicht erst das Elend des Ungehorsams am eigenen Leib erfahren, damit wir die Herrlichkeit des Erbarmens recht zu erfassen vermochten (auch Röm. 11, 32 will das nicht lehren). Solche Schlußfolgerungen zäumen das Pferd am Schwanz auf: Man beginnt bei der Gnade Gottes, wie er sie in Christus offenbarte, fragt, wem diese Gnade gilt (den Sündern, nicht den Gerechten) und folgert rückwärts, daß es also unbedingt Sünde und Tod brauchte, wenn Jesus sein herrliches Erlösungswerk vollbringen wollte. Der tatsächliche geschichtliche Ablauf sieht allerdings genau umgekehrt aus: *Zuerst* stand der Mensch in ungebrochener

Gemeinschaft mit Gott; *dann* kam der Fall in die Sünde, ohne den Kreuz und Auferstehung nicht erforderlich gewesen wäre. (Wer im übrigen behauptet, Gottes Liebe brauche, um richtig aufzuleuchten, den in Sünde gefallenen Menschen, an dem sie ihre Rettungsmacht unter Beweis stellen kann, der möge diesen Gedanken doch einmal zu Ende denken. Er kommt unweigerlich dahin, daß – wenn das All erst einmal versöhnt und die Liebe gleichsam arbeitslos geworden ist – sie sich neue »Objekte« schaffen muß, an denen sie ihre selbstlose, erlösende Hingabe verwirklichen kann; mit anderen Worten: ein neuer Sündenfall muß stattfinden, damit die Liebe, die nach 1. Korinther 13, 13 für immer besteht, wieder zu zeigen vermag, daß sie »Böses nicht zurechnet« (V. 5). Und genau diesen Gedanken hörte ich denn auch verschiedentlich geäußert, natürlich in leise Vermutungen gekleidet. Selten wird so deutlich, wie ein starrer, statischer Liebesbegriff aus lauter Systemzwang zu völlig unbiblischen Ergebnissen führt, die alle göttliche Offenbarung weit hinter sich lassen.)

In besagtem Lied müßte es besser heißen: »Gott bereitet *trotz* der Sünde Segen«; denn die Sünde wird nicht in Segen umgewandelt, sondern beseitigt, und um Jesu willen schenkt uns Gott statt dessen seinen Segen – neues Leben.

Wenn wir schon im Zusammenhang mit unserem sündigen Leben als Nichtchristen und mit unserer immer wieder geschehenden Sünde als Christen danken wollen, dann dafür: daß Gott, weil er uns so liebt, uns aus dem allem herausgeholfen hat; daß er Jesus in dieses Elend hineingeschickt hat, um uns daraus zu erretten; daß er uns die Sünde immer von neuem vergibt. Dafür dürfen und sollen wir danken und können es nicht genug tun. Aber eben indem wir so danken, verwerfen wir unseren früheren Wandel und heißen ihn gegengöttlich, verabscheuungswürdig, des Gerichts schuldig; indem wir so danken, erklären wir, daß es an der Sünde nichts zu danken gibt. Das »alles« begrenzt sich also von selbst auf Gottes Güter. Und wofür wir im Zusammenhang mit der Schuld unserer Mitmenschen danken können, ist dies: daß Gott, weil er allmächtig ist, von jedem Punkt aus zum Ziel kommen kann und also auch die Sünden der Menschen kein letztes Hindernis für seinen Heilsplan darstellen; daß darum auch zum Beispiel die Boshaftigkeit eines Nachbarn oder Kollegen uns zum Besten dienen muß (Röm. 8, 28) – nicht, weil die Boshaftigkeit verharmlost oder gar für göttlichen Ursprungs erklärt würde, sondern weil Gott zwischen ihr und uns steht.

Dahin weist im übrigen auch der nähere Textzusammenhang von Epheser 5, 20 und 1. Thessalonicher 5, 18. »Jagt immer dem Guten nach; meidet das Böse in jeder Gestalt!« fordert Paulus in 1. Thessalonicher 5, 15. 22; und von Epheser 4, 25 bis 5, 20 zählt er Schlechtigkeiten auf, von denen die Christen sich fernhalten sollen. Die Mahnung, für alles zu danken, ergeht an die, die nicht in bewußter Sünde leben. Wäre das nämlich der Fall, so könnten sie gar nicht für alles danken: mindestens für ihre eigene Sünde könnten sie es nicht. Weil sie aber – wie es vorausgesetzt wird – in der Heiligung stehen, muß jede noch so große Bedrohung von außen ihnen letztlich zum Guten gereichen, weil sie an Gott vorbei muß; daher können sie für alles dankbar sein.

e) »ewig«

Sprachwissenschaftlich und exegetisch gesichert ist beides: Das hebräische »olám« und das griechische »aión« können sowohl »Ewigkeit« im Sinn von »Endlosigkeit« bedeuten als auch einen begrenzten Zeitraum angeben. Das allein hilft uns nicht weiter. Entscheidend ist die Frage, welche Übersetzung bei den Stellen vom »ewigen« Gericht zu wählen ist.

Drei Antworten sind, soweit ich es übersehe, aus dem Lager der Allversöhnungsanhänger gegeben worden, um die Endlosigkeit des Gerichts zu widerlegen.

Eine Gruppe macht einen Unterschied zwischen »ewigem« Leben und »ewigem« Tod. Göttliches Leben, sagt man, ist von vornherein endlos, also kann »äonisch« (vom griechischen aiónios) hier nicht begrenzt sein (vergleiche Stellen wie Matth. 19, 29; Joh. 3, 15; 6, 58; Röm. 2, 7; 2. Kor. 9, 9). Tod und Gericht hingegen sind ebenso gewiß nicht endlos (man beachte, wie hier die Allversöhnung vorausgesetzt wird!), also kann »äonisch« nur einen bestimmten Zeitraum umfassen.

Es ist sehr schwer, diese Auffassung angesichts eines Verses wie Matthäus 25, 46 aufrechtzuhalten: »Sie werden hingehen: diese zur ewigen Strafe, aber die Gerechten in das ewige Leben.« (Vgl. das alttestamentliche Gegenstück Daniel 12, 2!) Man nimmt dem Urteilsspruch ja gerade die Spitze, wenn man seine beiden Seiten verschieden wertet. Schafe und Böcke haben zu ihren Lebzeiten genau das Gegenteil getan; nun empfangen sie auch genau das entgegengesetzte Urteil. Kein unbefangener Leser wird es anders verstehen.

Vollends unmöglich wird diese Auslegung aber bei einem Vergleich der entsprechenden Stellen in der

Offenbarung. Dort wird derselbe Ausdruck »bis in die Äonen der Äonen« völlig gleichförmig für beide Seiten gebraucht. Er bezieht sich auf das Lebendigsein Gottes (4, 9–10; 10, 6; 15, 7), das Lebendigsein Christi (1, 18), die Verherrlichung Gottes und des Lammes (1, 6; 5, 13; 7, 12), die Herrschaft Gottes und des Lammes (11, 15) und das priesterliche Herrschen der Knechte Gottes (22, 5). »Das sind zehn eindeutige Stellen, denen durch das Hineinlegen einer Befristung geradezu die Spitze abgebrochen würde. Sie können nur endlose Dauer meinen. Haargenau die gleiche Dauer wird nun aber betont auch für das Gericht an der satanischen Trinität angegeben (19, 3; 20, 10), nach der artikellosen Stelle 14, 11 auch für die Anbeter des Tieres. Dabei finden wir keine Anzeichen, daß der Sinn dieses ›Refrains‹ schwankt. Er ist von großer und gewollter liturgischer Wucht und Eindeutigkeit. Wir haben eventuell unsere Ansichten, nicht aber den Text zu ändern. Er sagt es völlig klar: Das Verdammtsein im Feuerpfuhl währt solange wie das Lebendigsein und Königsein Gottes und des Lammes und wie ihre Verherrlichung durch die Knechte Gottes. Nie wird der Feuerpfuhl sich in die neue Heilswelt hinein öffnen.« (A. Pohl, Die Offenbarung des Johannes, 2. Teil, a. a. O., S. 287).

Übrigens wird auch das griechische Wort »aéi« (»immerwährend«) in dieser doppelten Weise gebraucht – einmal von Gott (Röm. 1, 20) und einmal von den gefallenen Engeln (Judas 6), deren Schicksal die verlorenen Menschen teilen (s. Matth. 25, 41); beidesmal wird damit Endlosigkeit ausgedrückt.

Eine andere Gruppe läßt es zwar gelten, daß »äonisch« dasselbe bedeutet, sei es nun aufs Leben bezogen oder aufs Gericht – aber sie will darunter beidesmal nicht »endlos« verstehen. Immer sei nur von einem begrenzten Zeitraum die Rede. Man denkt dabei vorwiegend an das Tausendjahrreich (das sei der nächste Äon) und sagt: Die Verheißung vom äonischen Leben verspricht uns die herrliche Teilhabe an Gottes Königsherrschaft im Millennium im Gegensatz zu denen, die aufgrund ihres Ungehorsams davon ausgeschlossen sein werden.

Doch was geschieht danach? Ist den Christen denn nicht mehr geschenkt als Leben bis zum Abschluß des Tausendjährigen Reiches? Gewiß, lautet die Antwort; doch könne man das nicht dem »äonisch« entnehmen, sondern Stellen wie 2. Timotheus 1, 10: »Er hat dem Tod die Macht genommen und unvergängliches Leben ans Licht gebracht.« Hier werde die Endlosigkeit des neuen Lebens der Christen bezeugt.

Diese Auffassung ist geradezu ein Kunstwerk. Schon die Unterscheidung zwischen »äonischem« Leben und »unvergänglichem« Leben wirkt viel zu spitzfindig, um glaubhaft zu sein. Solche und ähnliche Ausdrücke werden doch völlig synonym gebraucht! So spricht Paulus zum Beispiel in 1. Timotheus 6, 12 vom Ergreifen des »ewigen« Lebens und ein paar Verse weiter (V. 19) vom Ergreifen des »wirklichen« Lebens; er meint genau dasselbe. Und wenn er in Römer 6, 23 sagt: »Die Gabe Gottes ist das ewige Leben in Christus Jesus«, denkt er doch nicht nur an einen Aspekt dessen, was Jesus uns brachte, und erst recht nicht ausgerechnet ans Millennium, von dem er sonst auch nie (wenigstens nicht expressis verbis) spricht, sondern hat wirklich alles vor Augen, was die Lebenserneuerung einschließt. Er stellt ja bewußt gegenüber: den Tod als Lohn der Sünde (und die Sünde bewirkt nicht nur tausendjährige Gottestrennung!) und das Leben als Gnadengabe Gottes. »Ewiges Leben« muß hier zwingend endloses Leben bedeuten, weil es alles umfaßt, was sich an die Wiedergeburt anschließt, weil es sonst auf etwas vergleichsweise Unwesentliches (das Tausendjahrreich – was ist das schon angesichts der Ewigkeit!) eingeschränkt wäre und weil damit dem Gegensatz zum Tod die eigentliche Spitze genommen würde.

Genauso zeigt der Vergleich der beiden ganz ähnlich lautenden johanneischen Stellen Johannes 3, 16 und 1. Johannes 4, 9, daß ewiges Leben nichts anderes ist als Leben schlechthin, Leben ohne jede zeitliche Begrenzung. Das »damit jeder, der an ihn glaubt, ewiges Leben hat« entspricht genau dem »damit wir durch ihn leben«. Und in 1. Joh. 5, 11–12 wird »ewiges Leben« (V. 11) mit »Leben« (V. 12) gleichgesetzt.

Vor allem aber scheitert diese Auffassung daran, daß »äonisch« auch für Gott (z. B. Röm. 16, 26; s. auch Hebr. 9, 14; 13, 8; 1. Tim. 1, 17; Offb. 1, 18) und göttliche Dinge (z. B. 2. Kor. 4, 18) verwendet wird. Wenn die Bibel Gottes »Ewigkeit« bezeugt, kann sie damit nichts anderes meinen als seine endlose Unsterblichkeit; alles andere würde ihn geradezu entwürdigen.

Ch. Hodge schreibt in seiner bereits erwähnten Dogmatik (Vol. III, S. 876f.) sehr gut zu diesen abschwächenden Deutungen von »ewig«: »Die hebräischen und griechischen Wörter, die in unseren Übersetzungen mit ›ewig‹ oder ›immerwährend‹ wiedergegeben sind, bedeuten eine Zeitdauer, deren Ende unbekannt ist. Wenn sie mit Bezug auf vergängliche Dinge gebraucht werden (z. B.

wo die Bibel von ›ewigen Hügeln‹ spricht), bezeichnen sie einfach das Existieren auf unbestimmte Zeit, das heißt ein Existieren, für das keine Grenze bekannt ist oder angegeben werden könnte. Hingegen sind die Wörter dann in ihrem buchstäblichen Sinn zu nehmen, wenn sie für das verwendet werden, was entweder seiner eigenen Natur nach unvergänglich ist oder von dem die unaufhörliche Existenz offenbart wurde (wie die menschliche Seele); ebenso, wenn sie sich auf etwas beziehen, dem wir keine Begrenzung zuschreiben dürfen, weil uns keine anderen Quellen dazu berechtigen. Gelegentlich sagen wir zum Beispiel, wir würden jemand etwas für immer geben, ohne damit zu meinen, er solle es für alle Ewigkeit besitzen. Wenn daraus gefolgert würde, ›für immer‹ drücke eine begrenzte Dauer aus, würde jeder einsehen, wie unbegründet dieser Schluß ist. Wenn die Bibel die Qualen der Verlorenen als ewig bezeichnet, dann dauern sie tatsächlich für immer an, es sei denn, man könnte nachweisen, daß die Seele nicht unvergänglich ist oder daß die Heilige Schrift an anderer Stelle lehrt, jene Qualen fänden einmal ein Ende. Niemand behauptet, die Seligkeit der Gerechten höre nach einer Reihe von Jahren auf, nur weil das Wort ›ewig‹ manchmal von Dingen gebraucht wird, die nicht für immer bestehen. Unser Herr lehrt, daß die Strafe der Bösen im selben Sinn ewig währt wie die Seligkeit der Heiligen . . .

Selbst wenn das Wort für ›ewig‹ noch so zweideutig wäre, so sagt die Bibel doch, daß der Wurm niemals stirbt und das Feuer nie erlischt. Wir haben also die unmittelbare Versicherung durch Gottes Wort, daß die Qualen der Verlorenen endlos sind. All die Ausdrucksmittel, mit denen die Unaufhörlichkeit der Rettung der Gläubigen und die ewige Dauer des Königreichs Christi herausgestellt werden, werden auch verwendet, um die Unaufhörlichkeit des Gerichts an den Bösen zu lehren. Wenn diese Lehre daher nicht in der Heiligen Schrift gelehrt wird, ist es schwierig, sich vorzustellen, wie sie überhaupt in menschlicher Sprache gelehrt werden kann.« (Übersetzung von mir).

Eine dritte Gruppe schließlich (es sind keine klaren Abgrenzungen zu den anderen beiden möglich) beruft sich vor allem darauf, daß das griechische »Äon« häufig in der Mehrzahl vorkommt, wenn von der Zukunft die Rede ist – man denke an Wendungen wie »in die Äonen« oder »in die Äonen der Äonen«. Man stellt sich also in der Ewigkeit zahllose kleinere und größere Zeitabschnitte vor, Äon reiht sich an Äon – und irgendwann in einem dieser Zeiträume wird Gott noch mit jedem Sünder fertig. Es gibt dazu regelrechte Systeme mit Angaben über die Zahl der Äonen und ihrer Unterabschnitte. Man spürt sofort, wie fremd diese Vorstellungen der Welt der Bibel sind. Nur ein typischer Abendländer aus unsrer technisierten, mathematisch geschulten Welt mit ihrer analytischen Denkweise kann auf die Idee kommen, der Plural »Äonen« wolle die Einzahl »Äon« zergliedern und also an die Stelle der Ewigkeit viele begrenzte Zeiträume setzen, die eben nicht mehr ewig sind. Nein, der Orientale hatte genau das Gegenteil vor, als er bei »Äon« die Mehrzahl verwendete. Es hätte eigentlich gereicht, zu sagen: Gott regiert in Ewigkeit! Aber um diesen Gedanken zu unterstreichen, setzt der Semit (auch Paulus war ein Semit!) das Wort in den Plural: Gott regiert in die Ewigkeiten! Und damit nicht genug; er baut die Wendung noch weiter aus: Gott regiert in die Ewigkeiten der Ewigkeiten! Nicht gegenseitige Abgrenzung von Äonen, nicht Über- und Unterordnung von Zeiträumen hat er dabei im Sinn, sondern genau das Gegenteil: der eine Gedanke von der Endlosigkeit der Herrschaft Gottes soll mit unseren armseligen sprachlichen Mitteln so fest wie nur möglich unterstrichen werden. Wir spüren alle, daß solche Stellen genau dies aussagen wollen und wie künstlich es ist, das Entgegengesetzte herauszulesen. Nicht nur ist es der Welt des Orientalen fremd; es entspricht auch in keiner Weise dem, was der Text zu offensichtlich sagen will.

Das gleiche gilt für die Gerichtsstellen. Wer bei »sie werden in die Ewigkeiten der Ewigkeiten gequält« heraushört, die Strafe dauere nur eine begrenzte Zeit, weil diese verschiedenen Äonen ja einmal zu Ende sein müßten, der hat sich verhört oder hat sogar etwas hineingelesen; er versteht genau das Gegenteil von dem, was der Schreiber mit seiner Anhäufung von Äonen zu sagen sich bemühte.

Zur Verdeutlichung sei noch an so bekannte hebräische Wendungen erinnert wie »das Lied der Lieder« (das Hohelied), »die Himmel der Himmel«, »das Heiligtum der Heiligtümer« (so wörtlich für »das Allerheiligste«). Nirgends soll uns der Plural zur Frage anregen, wie viele Lieder, Himmel oder Heiligtümer es denn insgesamt gebe (es gibt ja zum Beispiel nur *ein* Heiligtum!). Gemeint ist, daß das Hohelied das Lied par excellence darstellt, das schönste Lied, das sich denken läßt; daß Gott weit über alle Himmelsräume hinausragt, die ein Mensch sich nur vorzustellen vermag; daß das Allerheiligste der Stiftshütte der einzige Ort ist, der den Namen

»Heiligtum« zu Recht verdient, weil nur er von Gott dazu erwählt ist. Genauso ist nun eben die »Ewigkeit der Ewigkeiten« die Ewigkeit schlechthin, Unaufhörlichkeit ohne jeden Abstrich, Endlosigkeit, die alles irdische Verstehen übersteigt.

Ein geradezu zum Schlagwort gewordener, jedoch nicht auf sprachlichen Argumeten beruhender Versuch, die Endlosigkeit der Höllenstrafen zu widerlegen, lautet so: Wie kann Gott endliche Sünden mit unendlichen Strafen belegen? Man meint also, es reime sich weder mit Gottes Gnade noch mit seiner Gerechtigkeit, daß er den Menschen für eine zeitlich begrenzte Fehlentscheidung endlos lang büßen lasse.

Was auf den ersten Blick einleuchtend scheint, lenkt die Aufmerksamkeit in Wirklichkeit in eine verkehrte Richtung. Maßgebend bei einer Entscheidung ist doch nicht die Zeitdauer, die sie beansprucht, sondern das Objekt, um das es geht. Das ist schon im irdischen Bereich so. Das Ja vor dem Traualtar kann genauso rasch gesprochen sein wie das Ja zu einem Glas Milch – und doch: wie unterschiedlich sind die Konsequenzen! Entsprechend braucht der Schritt über die Linie zu Jesus nicht größer zu sein als ein beliebiger Schritt auf der Straße; aber während dieser die eingeschlagene Richtung in keiner Weise ändert, bedeutet jener eine Kehrtwendung um 180 Grad. Das Objekt unserer alltäglichen Entscheidungen sind tatsächlich zeitliche Dinge, und die Folgen sind gewöhnlich nicht weitreichend; das »Objekt« bei der Annahme beziehungsweise Ablehnung des Evangeliums hingegen ist der ewige Gott, und wir können es folglich nur als gerecht bezeichnen, daß diese Entscheidung ewige Konsequenzen zeitigt.

Ist es auf der anderen Seite nicht genauso? Unsere zeitliche Hinwendung zu Jesus bringt uns in den Genuß einer unendlichen Seligkeit. Welcher Allversöhnungsanhänger wäre Gott wohl böse darüber, daß er ihm seine diesseitige, vielleicht sogar zaghaft und voller Zweifel getroffene Entscheidung mit ewigem Leben vergilt?

Im übrigen widerspricht die Behauptung, endliche Sünden könnten nicht mit ewiger Pein bestraft werden, nicht nur dem sprachlichen Befund über das »Äonische«, sondern den biblischen Aussagen über das Gericht, und erweist sich somit als menschliches Denken, das barmherziger sein will als Gott selbst.

f) Gericht, Strafe

Nach der Allversöhnungskonzeption sind Gerichte grundsätzlich Erziehungsmittel, pädagogisch sinnvolle Strafen (mögen sie noch so schrecklich scheinen), die Gott verhängt, um den verhärteten Sünder zur Buße und damit zum Heil zu führen. »Durch Gericht zum Heil« wird zum ewiggültigen Grundsatz erhoben. Man trägt – vor allem aus der Geschichte Israels und seiner Nachbarvölker – Beispiele zusammen, wo Gottes Gericht Umkehr beim Menschen zur Folge hatte, und schließt daraus, so müsse es immer sein; und wenn die Buße nicht mehr in diesem Leben erfolge, dann eben im jenseitigen.

Freilich, solche Beispiele gibt es zur Genüge. Aber es gibt eben auch eine ganze Zahl andere, wo uns nicht berichtet wird, daß der Bestrafte je aus dem Gericht entlassen wurde; man müßte da – fragwürdig genug – bestenfalls e silentio argumentieren.

Doch werden – unabhängig von allen Belegen, die man anführen mag – zwei wesentliche Dinge viel zu wenig beachtet. Das eine ist die Übertragung dieses Grundsatzes vom Diesseits aufs Jenseits, das andere die Gleichsetzung von Gerichteten und Erlösten. Beide Schritte sind für den Nachweis der Allversöhnung nötig, doch für beide fehlt die biblische Berechtigung.

Zum ersten: Liegt der springende Punkt nicht dort, wo man einen in der jetzigen Zeit geltenden Grundsatz (wenn er überhaupt gilt) auf die Welt der Ewigkeit überträgt? Darf man das? Die Bibel tut es nicht, jedenfalls nicht ausdrücklich (was die Allversöhnungsvertreter auch zugeben und weshalb sie auf dieses schlußfolgernde Verfahren gekommen sind). Begeht man hier nicht wieder den alten Fehler, mit Erkenntnissen, die in unserer Zeit und in unserer Diesseitigkeit gewonnen wurden, in jene ewige Welt eindringen zu wollen, die unseren Horizont einfach übersteigt?

Liegt nicht gerade darin der große Unterschied zwischen dem »Endgericht« und allen übrigen Gerichten, daß diese zu Lebzeiten der Betroffenen gehalten wurden und also vorläufig waren, jenes aber vor Gottes Thron stattfindet, im Jenseits, in der Ewigkeit? Und zeigt sich das nicht auch daran, daß nach allen anderen Gerichten die Geschichte immer noch einmal weiterläuft, daß aber nach dem Endgericht nichts Neues, Veränderndes mehr berichtet wird, weder über die Begnadigten noch über die Verurteilten? Dann ist der Zustand erreicht, an dem sich nie mehr etwas ändern wird.

Folglich sind alle Nachweise zum Grundsatz »durch Gericht zum Heil« unnütz und hinfällig – mögen sie auch bei diesem oder jenem Beispiel zutreffen und mögen sie noch so scharfsinnig gefunden sein –; wir dürfen eben nicht aus dieser Welt in jene extrapolieren.

Zum zweiten: Geht man solchen Belegstellen allerdings nach, dann kommt rasch ans Licht, daß vielfach der Wunsch Pate gestanden hat; was zu beweisen war, wurde vorausgesetzt. Wohl der meistgenannte Vers in unserem Zusammenhang ist Jesaja 1, 27a: »Zion wird durch Gericht erlöst werden.« Steht es hier nicht wörtlich: durch Gericht zum Heil? Dabei wird *eins* jedoch stillschweigend angenommen: daß die erlösten Personen mit den gerichteten identisch sind. Meint das der Text wirklich? Er läßt es nicht nur offen; er schließt es aus! In den Versen 27b und 28 fährt Jesaja fort: ». . . die Umkehrenden (diejenigen, die Buße tun) (werden) durch Gerechtigkeit (erlöst). Aber die Abtrünnigen und Sünder werden allesamt zerschmettert; und die, die den Herrn verlassen, werden untergehen.« Darin besteht also die Reinigung Israels (s. V. 25), daß Gott durch Gericht die Gottlosen ausscheidet, und daß er denen, die ihren Weg bereuen, vergibt. Die Gerichteten sind nicht mehr dabei, wenn Gott Zion erlöst.

Man denke an Achans Diebstahl (Jos. 7). Gott führte Israel durch Gericht zum Heil, jawohl. Erst richtete er sein Volk, indem er die Sünde aus seiner Mitte wegschaffen ließ; danach schenkte er ihm wieder Sieg über Ai. Aber wo blieb der, der das Gericht verursacht hatte? Er war gesteinigt und verbrannt worden; er hatte keinen Teil am nachfolgenden Sieg.

Man erinnere sich an Israels Weg von Ägypten nach Kanaan. Es war buchstäblich ein Weg »durch Gericht zum Heil«. Gott brachte schwere Strafen über sein Volk, weil es gegen ihn murrte und sich gegen Mose auflehnte. Erst danach führte er es ins verheißene Land. Doch wer zog mit Josua über den Jordan? Ausdrücklich nicht die Gerichteten! Die Wüstenzeit dauerte – von Gott bewußt so angeordnet – vierzig Jahre, damit keiner von der murrenden Generation mehr lebte, als es nach Kanaan ging. Nur Josua und Kaleb, die einzigen Gottesfürchtigen von damals, waren noch dabei. So streng achtete Gott darauf, Gerichtete und Erlöste auseinanderzuhalten!

Nicht anders kann Jesus es in Matthäus 23, 37–39 gemeint haben. Allversöhnungsvertreter betonen, daß es sich jedesmal um dieselben Personen handle: »*ihr* habt nicht gewollt . . . *ihr* werdet mich von jetzt an nicht sehen, bis *ihr* sprecht . . .«. Anklage, Gerichtsankündigung und Heilsverheißung seien an genau dieselbe Adresse gerichtet, nämlich an die Bevölkerung Jerusalems unter Führung der Pharisäer und Schriftgelehrten. Auf diese Auslegung muß man wirklich erst gestoßen werden, so künstlich ist sie! Warum sollte Jesus denn nicht einfach vom Volk als Ganzem reden, von denen, die zur jeweiligen Zeit gerade leben? Wie hätte er das anders ausdrücken sollen, wenn er es so meinte? (So sagt es doch auch Paulus, wenn er von der Entrückung spricht: »wir, die wir leben«, 1. Thessalonicher 4, 17, obwohl er durchaus mit seinem Sterben vor Jesu Wiederkunft rechnet. Wie hätte er reden sollen, um den Verdacht von sich abzuwälzen, er lehre Jesu Kommen noch zu seinen Lebzeiten? Wäre »ihr, die ihr lebt« besser gewesen? Aber die Thessalonicher konnten doch auch noch sterben! Wäre also das neutrale »die,

die zu jenem Zeitpunkt leben« am besten? Aber dann fehlte das Entscheidende: der persönliche Bezug und damit die Aufforderung zur wachen und nüchternen Bereitschaft, siehe 1. Thessalonicher 5, 1–11. Nein, solange Paulus und die Thessalonicher lebten, mußte er sie und sich zu denen rechnen, die die Entrückung erleben konnten, zumal er deren Zeitpunkt in keiner Weise kannte.) Bei obiger Gleichsetzung der Adressaten müßte man ja auch behaupten, gerade diese Zuhörer Jesu hätten vor vielen hundert Jahren Gottes Propheten getötet (Matth. 23, 37)! Und man müßte eine innerzeitliche Auferstehung der Gottlosen postulieren, damit dann auch gerade diese Zuhörer Jesu ihn sehen können, wenn er wiederkommt. Das eine ist schlicht und einfach falsch, das andere widerspricht der biblischen Lehre. Dahin kommt man, wenn man auch hinter klarsten Gerichtsaussagen noch verborgene Hinweise auf die Allversöhnung sucht.

Auch das Beispiel von Sodoms Geschick, das häufig als Beleg genannt wird, hält einer genauen Prüfung nicht stand. Nach Hesekiel 16, 53. 55 wird Gott »die Gefangenschaft Sodoms wenden« und es »in seinen früheren Stand« zurückführen. An eine irdische Wiederherstellung Sodoms vor Christi Wiederkunft kann nicht gedacht sein; die Stadt liegt ja auf dem Grund des Toten Meeres. Auch sind bei Sodoms Untergang alle seine Bewohner umgekommen; man müßte eine Auferstehung Gottloser vor dem Endgericht annehmen, wenn wirklich die damaligen Sodomiter (Nachfahren gibt es ja keine) wieder auf der Erde erscheinen sollen. Jeder Versuch, sich Sodom als Stadt oder gar die Sodomiter als ihre Bewohner buchstäblich wiederhergestellt zu denken, führt in unlösbare Schwierigkeiten, zumal diese Wiederherstellung nach Vers 53 und 55 noch *vor* der von Jerusalem erfolgen wird.

Diese Beobachtung gibt uns einen Fingerzeig, wie Hesekiels Weissagung zu verstehen ist: genau im Sinn von Römer 9–11. »Sodom« steht stellvertretend für alle von Gott abgefallenen Heidenvölker; es gibt unter diesen das Paradebeispiel für Gottlosigkeit ab. Heiden werden – so führt Paulus es aus – durch den Glauben an Jesus gerettet, während Israel zunächst verstockt ist und erst später – durch sie zur Eifersucht gereizt – als ganzes Volk erlöst wird (Röm. 9, 30–31; 10, 20–21; 11, 11. 25–26; 30–31). – Selbst wenn man eine buchstäbliche Erfüllung der Verheißungen von Hesekiel 16, 53. 55 erwartet, also etwa eine Neubesiedlung und Heiligung der Gegend am Toten Meer, bleibt bestehen: Nicht die damaligen Bewohner werden das erleben; Gott wird andere Menschen dorthin führen, an denen er seine Zusagen wahrmacht.

Hesekiel 16 spricht also ebenfalls nicht von einer heilsamen Wirkung des Gerichts an Sodom und Gomorrha und folglich auch nicht von einem Ende des »ewigen Feuers«, das die Bewohner dieser Städte laut Judas 7 als Strafe erleiden.

Die Zahl der Fälle, wo die gerichteten Menschen identisch sind mit denen, die anschließend erlöst werden, dürfte klein sein; und wo diese Identität nicht eindeutig nachgewiesen ist, trägt der Grundsatz »durch Gericht zum Heil« – so richtig er sein mag – nichts zur Stützung der Allversöhnungslehre bei.

Der Versuch, mit Hilfe der Etymologie des griechischen Wortes für »Qual, quälen« (es hat wohl ursprünglich

»Prüfung, prüfen« bedeutet) den Erziehungsgedanken beim Gericht einzuführen, steht auf schwachen Füßen. Eine Sprache ist nun einmal etwas Lebendiges und unterwirft sich nicht selbst ihrer Herkunft; sie behält sich das Recht auf Wandlung vor, und man tut ihr Gewalt an, wenn man sie auf einem bestimmten Entwicklungsstand gefangenhalten will. Entscheidend für die Bedeutung eines Wortes ist nicht seine Etymologie, sondern sein gegenwärtiger Gebrauch, die Zuordnung zu der Sache, die gemeint ist. Und da weist bei »Qual« nichts auf einen Nebengedanken wie »Prüfen« hin; der Gebrauch des Wortes – nicht nur im Neuen Testament – schließt das aus.

g) Verlorenheit

Jeder Mensch ist von Hause aus verloren. Wäre Christus nicht gekommen, stellvertretend für uns gestorben und dann wieder auferstanden, gäbe es keine Möglichkeit der Rettung. Kein Mensch könnte von sich aus einen Weg finden, der ihm Gottes Gerechtigkeit verschaffen würde. Alle Menschen sind also zunächst verloren und wären es ohne Christi Heilswerk für immer geblieben. Darin sind sich auch die Vertreter der Allversöhnung einig.

Wenn es nun heißt, daß Jesus kam, um die Verlorenen zu retten (Luk. 19, 10), und daß derjenige, der nicht an ihn glaubt, der diese Rettung also nicht annimmt, unter dem Zorn Gottes bleibt (Joh. 3, 36) – dann ist beim »Verlorensein« und beim »Bleiben unter Gottes Zorn« selbstverständlich an eben diesen Zustand gedacht, in dem sich die Menschen ohne Jesus bereits befanden und in dem sie ohne ihn nun auch für immer bleiben werden. Ohne Jesus ist ein Mensch gleichsam in einer lebensfeindlichen, tödlichen Wüste, und wenn er sich nicht zu Jesus stellt, geht er in dieser Wüste zugrunde. »Verlorenheit« umschreibt hier immer den Zustand, der ohne Christi Kommen unweigerlich aller Schicksal gewesen wäre und es folglich auch für alle bleibt, die Christus ablehnen.

Doch die Bibel geht noch weiter: Der Zustand der Verlorenen (»ewiges Verderben«) folgt nicht nur zwangsläufig aus ihrer Gottlosigkeit, sondern stellt eine Strafe dar, die auf einem konkreten Gerichtsurteil fußt (z. B. Matth. 25, 41; 2. Thess. 1, 9; Offb. 20, 12–15).

In Allversöhnungskreisen sagt man gern etwa so: Gott verurteilt niemand, er liebt alle und will sie retten. Die Verlorenen werden nicht erst verlorengehen, sondern sind es bereits aufgrund ihres Getrenntseins von Gott; ihr In-den-Feuersee-Geworfenwerden erfolgt mithin automatisch, weil sie Gott bis dahin noch nicht angenommen haben. Sobald sie sich jedoch zu Jesus wenden und das Feuer folglich nichts mehr zu fressen hat, wird auch der Verlorenheitszustand ein Ende haben. (Bei dieser Anschauung könnte man sogar daran festhalten, daß »äonisch« »unendlich lang« bedeutet – allerdings nur im potentiellen Sinn: »ewig« ist nicht von vorneherein begrenzt; das Feuer könnte theoretisch ohne Aufhören brennen. Da jedoch – wird weiter gesagt – irgendwann einmal jeder sich zu Christus bekehrt haben wird, sieht die Wirklichkeit so aus, daß es eines Tages erlischt.)

Irgendwie vermisse ich bei dieser Auffassung das Ernstnehmen der Gerichtsverhandlung und Verurteilung.

Sicher sind die Ungläubigen schon jetzt verloren; und doch kommt noch etwas hinzu: Gottes Urteilsspruch. Und der lautet: ewiges Verderben. Das bedeutet eine Einkerkerung, aus der der so Verurteilte nicht einfach dann freikommt, wenn er Jesus annimmt. Es bedeutet die Unterwerfung unter eine Tatsache, an der der Gerichtete von sich aus nicht das geringste ändern kann, solange der Richter nichts daran ändert. Und da Gottes Wort diesem Zustand das Prädikat »ewig« gibt, haben wir kein Recht, ihn nach unserem Ermessen abzukürzen und zu beenden.

Damit hängt die Frage zusammen, wieso Gott überhaupt noch eigens ein Urteil fällt. Nach obiger Allversöhnungsanschauung würde es doch ausreichen, wenn er die Gläubigen zu sich in den Himmel holt – alle anderen wären damit automatisch in der Gottferne. Worin liegt der Unterschied zwischen dem jetzigen Verlorensein eines Ungläubigen und dem künftigen (nach dem großen Endgericht)? Er liegt eben darin, daß dazwischen ein Urteil gesprochen wird. Vorher ist der Mensch wohl verloren, aber Gott läßt ihn noch gewähren – folglich kann er jederzeit noch umkehren. Nachher aber hat Gott richterlich die Konsequenz aus der menschlichen Ablehnung gezogen und ein Urteil verhängt: aus dem Nichtumkehren-Wollen wird ein Nicht-mehr-umkehren-Können. Mir scheint, diese Unterscheidung zwischen diesseitigem und ewigem Verlorensein ist notwendig und geht aus dem biblischen Zeugnis klar hervor. Andernfalls wäre nicht mehr einsichtig, was die Gerichte Gottes, das Fällen von Urteilen und das Verhängen von Strafen zu suchen haben.

h) Leben – Tod

Die neutestamentliche Gegenüberstellung von Leben und Tod dürfte den Vertretern der Allversöhnung die meisten Schwierigkeiten bereiten. Hier liegt, fürchte ich, *die* wunde Stelle, an die nie wirklich gerührt wird, der eigentliche Fehler bei einem Allversöhnungssystem. Immer und immer wieder tritt in der Bibel das Gegensatzpaar »Leben« und »Tod« auf – Leben als »Lohn« für lebendigen Glauben an Jesus Christus und Tod als »Lohn« für bewußte Ablehnung Gottes. (Erinnert sei – neben zahlreichen bereits erwähnten Stellen – an Matthäus 7, 13–14; Markus 16, 16; 1. Korinther 1, 18 sowie 1. Johannes 5, 12 und ähnliche Wendungen.) Dabei werden beide Begriffe so absolut gebraucht und beziehen sich obendrein immer auch auf den Bereich nach dem irdischen Dasein, daß ich mich frage, wie die Allversöhnungslehre guten Gewissens damit zurechtkommt. Bei schlußendlicher Rettung aller Menschen könnte die Gerichtsalternative ja eigentlich nicht »Leben – Tod« heißen, sondern strenggenommen nur »jetzt schon Leben – Leben erst nach langer Zeit«. Beide Seiten gehen ja schließlich ins Leben ein – die Geretteten und die Verlorenen. Der Tod, der über die Gottlosen verhängt wird, bedeutet nicht wirklich das Gegenteil vom Leben, das die Erlösten erhalten, sondern stellt nur einen anderen, zusätzlichen Weg dahin dar, nachdem es im irdischen Dasein nicht zu einer freiwilligen Umkehr zu Gott gekommen ist. Nach biblischem Urteil bekommen die einen Leben und die anderen Tod; nach der Lehre der Allversöhnung bekommen alle Leben, die einen über die Stationen Buße – Wiedergeburt, die

anderen über die Stationen Sterben – langes Gerichts-
leiden – Zerbruch – Buße – Erneuerung. Im Neuen
Testament sind Leben und Tod gleichgeordnete Begriffe
– beide gleich gewichtig, der eine das genaue Gegenteil
vom anderen. Nach der Allversöhnung sind es einander
untergeordnete Begriffe – der Tod steht unter dem
Leben, dient ihm und führt zu ihm. So einleuchtend und
anziehend das klingen mag – das biblische Zeugnis
steht dem entgegen.

i) Und die Menschen ohne Evangelium?

Die Frage nach dem Schicksal derer, denen nie Gottes
frohe Botschaft verkündet wurde, wird häufig als Argument für die Allversöhnung verwendet: Menschen, die
nie Gelegenheit hatten, das Evangelium zu hören, können doch unmöglich gleich nach ihrem Sterben von Gott
zu ewiger Pein verurteilt werden, ohne im Jenseits
wenigstens noch *eine* Chance zur Bekehrung erhalten
zu haben. Andernfalls ist Gott ja ungerecht; er zieht
willkürlich die vor, zu denen er in ihrem irdischen Leben
Missionare sendet. Weil also feststeht, daß es nach dem
Tod noch Evangelisation gibt, und weil andererseits die
Bibel nichts (oder fast nichts) darüber mitteilt, besteht
berechtigte Hoffnung, daß es auch zu einer Versöhnung
des Alls kommt, obwohl Gottes Wort davon nichts (oder
fast nichts) erwähnt. Das Schweigen der Bibel darüber
bedeutet kein Nein, sondern ein heimliches Ja zur
Rettung aller.
Diese Begründung kann nicht stimmen. Sie führt in die
Irre, weil sie so tut, als läge alles an der Antwort auf die

Frage, was mit den unevangelisierten Heiden wird. Aber selbst wenn tatsächlich alle diese Menschen noch im Jenseits Christen würden, wäre eine Allversöhnung um keinen Deut besser belegt. Denn bei der postulierten Rettung aller Menschen müßten ja gerade auch die eingeschlossen sein, die das Evangelium schon zu ihren Lebzeiten hörten; und zumindest von denen sagt das Neue Testament unmißverständlich, daß sie – soweit sie es ablehnten – dem ewigen Gericht verfallen; ihre Bekehrung im Jenseits ist ausgeschlossen. Und damit ist auch jede Hoffnung auf eine Allversöhnung zerstört.

Was nun die »Menschen ohne Evangelium« selbst angeht, ist es sehr schwierig, eine rechte Antwort zu finden, eben weil die Bibel kaum etwas darüber mitteilt.

Einige Bibelausleger weisen darauf hin, daß bereits die Fragestellung in die Irre führen kann. Die Folgerung: Wenn Gott *einem* das Heil anbietet, muß er es *allen* anbieten! ist menschlich-eigenmächtig. Der sündige Mensch, der Gott verworfen hat, pocht hier auf ein »Recht der Rettung«, als könne er Gott zu etwas verpflichten. Damit mißachtet er aber den Charakter der Gnade, die ja gerade völlig unverdient geschenkt wird. Hätten die Heiden einen Anspruch darauf, so wäre es nicht mehr Gnade. Gott ist nicht verpflichtet, auch nur einen einzigen Menschen zu retten; wenn er einer Familie das Evangelium verkünden läßt, muß er dasselbe nicht auch im Nachbarhaus tun; wenn er einen Mann erlöst, muß er nicht auch seine Frau erlösen. Es ist Gnade genug, daß er überhaupt etliche errettet; ohne Jesu Kommen wären alle verloren geblieben. Menschen können und dürfen Gott zu nichts zwingen; was ihn verpflichtet, ist nur sein eigenes Wort. Die Behauptung, Gott müsse, wolle er nicht ungerecht sein, den »Menschen ohne Evangelium« im Jenseits noch eine Gelegenheit zur Umkehr geben, ist genauso kurzschlüssig und nicht anhand der Bibel zu begründen wie die, Gott müsse alle retten, wolle er nicht lieblos sein.

Gibt es denn keine Bibeltexte, die uns etwas über das Geschick dieser Menschen offenbaren? Zwei Stellen werden in diesem Zusammenhang oft angeführt: 1. Petrus 3, 19–20 und 4, 6; doch sind diese berühmten Verse so »dunkel«, so schwierig zu erklären, daß es nicht ratsam ist, auf ihnen eine Lehre aufzubauen. Selbst Luther meinte zu Kapitel 3, 19: »Das ist ein wunderlicher Text und ein finsterer Spruch, so nur einer im Neuen Testament ist, daß ich nicht genau weiß, was St. Peter meint.«

Selbst wenn man überzeugt ist, daß sie wirklich von einer Predigt Jesu zu verstorbenen Menschen im Totenreich handeln (die Kommentatoren sind sich darin keineswegs einig!), hat man noch nicht das Recht, zu folgern, daß Menschen, die zu Lebzeiten nichts vom Evangelium hörten, grundsätzlich im Jenseits eine Gelegenheit zur Entscheidung für Jesus bekämen. Noahs Zeitgenossen würden sich hierfür nämlich denkbar schlecht als Beispiel eignen, wußten sie doch durch den »Prediger der Gerechtigkeit« (2. Petr. 2, 5) über Gottes Willen Bescheid und lehnten ihn trotzdem ab. Sie starben in ihren Sünden und verfielen dem Gericht (vgl. Hes. 3, 18). 2. Petrus 2 stellt diese Gottlosen aus Noahs Zeit (V. 5) ausdrücklich auf eine Stufe mit den abgefallenen Engeln, die fürs Gericht aufbewahrt werden (V. 4), mit den Sündern aus Sodom und Gomorrha (V. 6–8), die »die Strafe des ewigen Feuers leiden« (Judas 7), und mit den falschen Lehrern und Propheten zur Zeit der neutestamentlichen Gemeinde, die »in ihrem eigenen Verderben umkommen« (2. Petr. 2, 12).

Außerdem erfahren wir nichts über die Folgen der Verkündigung von 1. Petrus 3, 19. Das Heilsangebot mag von allen abgelehnt worden sein; es sage niemand, schreckliche Gerichtszeiten machten automatisch empfänglich fürs Evangelium (vgl. Offb. 16, 8–11)! Und es bleibt zu bedenken, daß nichts darüber verlautet, ob diese Verkündigung auch anderen Toten außer Noahs Zeitgenossen galt und ob Jesus später je wieder auf diese Weise gepredigt hat. Mithin sind alle Schlußfolgerungen, die aus den beiden erwähnten Stellen gezogen werden, mit großer Vorsicht zu behandeln und sollten an den klaren Aussagen der Bibel geprüft werden.

Da die gesamte Heilige Schrift sonst nirgends etwas von einer Predigt des Evangeliums im Totenreich sagt, da im Gegenteil Hebräer 9, 27 und Lukas 16, 26 (neben vielen anderen Stellen) Heilsangebot und Bekehrung nach dem Sterben aufs deutlichste ausschließen, empfiehlt es sich, solche Aussagen absolut zu setzen und den Versuch zu unternehmen, 1. Petrus 3, 19–20 und 4, 6 in diesem Rahmen zu erklären.

1. Petrus 3, 19 handelt davon, daß Jesus den Geistern im Gefängnis seinen Sieg »verkündete«. Das griechische Wort (keryssein) bedeutet »etwas proklamieren, als Herold ausrufen« (in diesem Fall den Triumph Christi), schließt aber nicht unbedingt das Angebot der Rettung mit ein. Vielleicht will Petrus einfach betonen, daß Jesu Sieg sich auch in der unsichtbaren Welt, ja bis

ins tiefste Totenreich hinein auswirkte und auch den schlimmsten Feinden Gottes (die Ungehorsamen zu Noahs Zeit werden wohl als besonders krasses Beispiel gewählt) mitgeteilt wurde. Vielleicht denkt er, wenn er von »Geistern im Gefängnis« spricht, nicht einmal an verstorbene Menschen, sondern an abgefallene Engel, die Gott »im tiefsten Abgrund« »in Ketten der Finsternis« buchstäblich gefangen hält (s. 2. Petr. 2, 4).

Andere Ausleger finden in 1. Petrus 3, 19 gar keine Verkündigung im Jenseits, sondern verstehen den Vers so, daß Jesus »im Geist«, das heißt vor seiner Menschwerdung, hinging und durch Noah zu den (damals natürlich noch lebenden) Gottlosen sprach. Doch weisen Ausdrücke wie »Geist«, »Geister« und »Gefängnis« eher in die andere Richtung, es sei denn, man fasse »den Geistern im Gefängnis gepredigt« als Parallelformulierung zu »den Toten das Evangelium verkündet« (1. Petr. 4, 6; s. die Auslegung im nächsten Absatz) auf, also: er hat denen gepredigt, die inzwischen verstorben sind und nun als »Geister im Gefängnis« leben. Doch bereitet das »einst« von Vers 20 dieser Auslegung Mühe; es scheint nämlich zwischen dem Geschehen von Vers 19 und dem von Vers 20 eine große zeitliche Kluft zu errichten und anzudeuten, daß die Verkündigung (V. 19) nicht in den Tagen Noahs (V. 20) geschah, sondern viel später.

Erwähnt 1. Petrus 3, 19 lediglich eine Proklamation von Jesu Sieg, so spricht 1. Petrus 4, 6 deutlich vom Verkünden der Guten Nachricht (griechisch: euangelizein), was immer die Aufforderung zur Umkehr einschließt. Doch sind die beiden Verse zu trennen; wer sagt, daß sie vom selben Ereignis sprechen? Das einfachste ist,

1. Petrus 4, 6 so wiederzugeben: »Das Evangelium ist auch denen verkündet worden, die jetzt tot sind.« Damit ist klar, daß es sich nicht um das Heilsangebot an Verstorbene handelt, sondern um das Heilsangebot an Lebende, die inzwischen verstorben sind. Daß Petrus es so gemeint hat, geht aus dem folgenden Nebensatz hervor: ». . . *damit* sie dem Menschen gemäß (nach Menschenweise) im Fleisch gerichtet werden . . .« Das »Gericht im Fleisch« kann nur den leiblichen Tod bedeuten. Dieser tritt, so zeigt das »damit«, erst *nach* der Verkündigung ein; die Hörer der Botschaft müssen also zum Zeitpunkt der Predigt noch am Leben gewesen sein und sind erst später gestorben. Petrus denkt hier wohl an verstorbene Christen und antwortet vielleicht auf einen unausgesprochenen Einwand der Gegner des Evangeliums: Warum müssen Christen noch sterben wie alle anderen Menschen, wenn sie doch ewiges Leben besitzen? Was nützt dann ihre Umkehr zu Gott? Sie erspart ihnen doch nicht das Gericht! – Nun, erwidert Petrus, es ist wahr, daß auch Jesu Jünger noch »am Fleisch« gerichtet werden und sterben; dennoch ist die Verkündigung und Annahme des Heils nicht umsonst: sie führen bereits im Diesseits ein erfülltes Leben, vor allem aber leben sie nach dem Tod »Gott gemäß im Geist«.

Die verkürzte Redeweise: »Toten ist das Evangelium verkündet worden« (wo doch gemeint ist: »Lebenden, die inzwischen tot sind . . .«) sollte nicht zu sehr befremden. Wir gebrauchen sie selbst häufig. So kann jemand ohne weiteres sagen: »Mein Vater erlitt mit zehn Jahren einen schweren Unfall « – obwohl es strenggenommen heißen müßte: »Die Person, die später mein Vater wurde . . .« Keiner wird den Sprecher mißverstehen.

Bei dieser Auslegung der beiden Petrusstellen tun wir ihnen keine Gewalt an und bleiben zugleich in den Grenzen, die die Bibel mit ihren eindeutigen Aussagen zieht.

Dagegen finden manche in der Beschreibung des Endgerichts einen Hinweis, der weiterführen könnte. Dort heißt es (Offb. 20, 15): »*Wenn* jemand *nicht* im Buch des Lebens geschrieben gefunden wurde ...« Deutet das vielleicht an, daß es auch die andere, die positive Möglichkeit gibt? Sollten also etliche von denen, die »nach ihren Werken gerichtet werden« (V. 13), im Urteil Gottes bestehen? Wo bliebe dann aber der Grundsatz, daß nicht Werke erlösen, sondern nur der Glaube an Jesus Christus (Eph. 2, 8–9)? Er wäre nicht unbedingt aufgehoben; man könnte es sich nämlich so zurechtlegen: Das Verhalten der »Menschen ohne Evangelium« gibt Gott, dem »Herzenskenner« (Apg. 1, 24), Aufschluß darüber, wie sie sich zu Jesus gestellt hätten, wenn sie ihm begegnet wären. Immer wieder zeigt uns die Bibel, daß Gott nicht nur die tatsächliche Zukunft kennt, sondern auch die »mögliche« Zukunft, die aus irgendeinem Grund nicht eintritt. Er weiß, was geschehen würde, wenn ..., auch wenn es dann in Wirklichkeit nie zustande kommt. Gott sagte David, die Einwohner von Kegila würden ihn an Saul ausliefern, worauf David die Stadt verließ und folglich nie ausgeliefert wurde (1. Sam. 23, 10–13). Jesus klagt Chorazin, Bethsaida und Kapernaum an und ruft: »Wären solche Taten in Tyrus und Sidon geschehen, wie sie bei euch geschehen sind, sie hätten längst in Sack und Asche Buße getan ... Wenn in Sodom die Taten geschehen wären, die in dir geschehen sind, es würde noch heute stehen!« (Matth. 11, 21.

23). Und er betont, daß das im Gericht Berücksichtigung finden wird (V. 22 u. 24. Zu beachten ist allerdings, daß es von keinem Sodomiter heißt, seine Strafe würde ihm erlassen oder auch nur erleichtert. Jesus sagt lediglich, daß Israel – soweit es ihn ablehnt – ein noch härteres Gericht erleben wird als Sodom und Gomorrha; vgl. Lukas 12, 47–48). Die ausschließliche Mittlerstellung Jesu bei der Rettung wäre also auch hier nicht außer Kraft gesetzt. Jedesmal ginge es darum, wie sich ein Mensch entscheidet, wenn er ihm begegnet.

Vielleicht trifft daher die Annahme zu, daß Gott in seiner Allwissenheit und mit seinem vollkommenen Urteilsvermögen im Endgericht nach diesem Gesichtspunkt vorgehen wird. Das mag für solche gelten, die Jesus nie wirklich verkündet bekamen; ähnliches mag auch auf die früh verstorbenen Kinder zutreffen, die noch zu keiner Entscheidung fähig waren, sowie auf das Heer der geistig Behinderten. Wir müssen hier Fragen offenlassen können, die die Heilige Schrift nicht selbst deutlich beantwortet. Auf jeden Fall wird Gott ihnen allen ein gerechtes und barmherziges Gericht widerfahren lassen.

Zwei Beobachtungen werden in diesem Zusammenhang immer wieder angeführt, um den Gedanken zu stützen, es gäbe tatsächlich eine Gruppe Menschen, die beim Endgericht im Buch des Lebens gefunden werden.

Da ist einmal die Tatsache, daß in Offenbarung 21, 24. 26; 22, 2 und nach den besseren Handschriften auch in 21, 3 von »Völkern« die Rede ist. Weist dieser Plural darauf hin, daß es neben dem eigentlichen Volk Gottes (seinen Knechten, der Braut des Lammes, also der

Gemeinde) noch andere Völker gibt? Vielleicht trifft das zu. In diesem Fall kann man es sich schwerlich anders denken, als daß es sich hier um Menschen handelt, die das Gericht vor dem großen weißen Thron bestanden haben und nun die neue Erde bevölkern dürfen. Doch ist es fraglich, ob Johannes die Mehrzahl »Völker« wirklich in diesem Sinn verwendet. Gerade in Offenbarung 21, 3 ist der Plural auffällig. Eigentlich wäre doch zu erwarten: »Sie werden sein Volk sein« (tatsächlich findet sich der Singular auch in einigen Handschriften). So heißt es immer und immer wieder im Alten Testament von Israel und im Neuen Testament von der Gemeinde (z. B. 3. Mose 26, 12; 2. Kor. 6, 16). Dadurch wird Israel beziehungsweise die Gemeinde von den übrigen »Völkern« abgesondert; bei seinem Volk – nicht bei allen anderen Völkern – wohnt Gott. Wenn nun Johannes dieselbe Wendung in den Plural setzt, scheint er sagen zu wollen: Es gibt diese Abgrenzung nicht mehr. Auf der neuen Erde wohnt Gott nicht mehr nur bei einem Teil der Menschheit; er hat keine Gegner mehr. Die Gemeinde lebt nicht mehr unter der Bedrohung durch Gottlose. Das eine Volk Gottes ist endlich gleichzusetzen mit allen Völkern, die es gibt. »Das neue Volk Gottes ist nicht mehr eine Teilerscheinung, sondern umspannt die ganze Welt . . . Es gibt keine Völkergrenzen und Trennungen mehr. Die ganze Menschheit ist *ein* Volk, eine große Gottesfamilie geworden.« (E. Schnepel, Die Offenbarung des Johannes, Stuttgart 1960, Seite 216 f). Vielleicht bezeichnen »Volk« und »Völker« also dieselbe Schar der Erlösten. Damit ist gewiß nicht ausgeschlossen, daß im Endgericht noch Menschen zur Gemeinde stoßen; aber mir scheint nicht, daß Johannes eine solche Gruppe herausheben möchte, wenn er von »Völkern« in der Mehrzahl spricht. Überhaupt ist es schwierig, aus der Verwendung des Begriffes »Volk« etwas abzuleiten; Himmlisches wird dabei ja mit Irdischem ausgedrückt. Das meiste, was wir mit »Volk« verbinden (Staatswesen, Landesgrenzen, Fortpflanzung u. ä.), wird auf der neuen Erde (zumindest so) nicht mehr zutreffen.

Zum anderen könnte auch Matthäus 25, 31–46 auf »Menschen ohne Evangelium« hinweisen, die doch noch gerettet werden – vorausgesetzt, es spricht von solchen! Es ist äußerst schwierig, diese Beschreibung des »Völkergerichts« (oder besser: »Menschheitsgerichts«) im endgeschichtlichen Ablauf unterzubringen. Einiges spricht dafür, es mit Offenbarung 20, 11–15 gleichzusetzen; in beiden Stellen ergeht das Urteil über die gesamte Menschheit. Sollte dies zutreffen, dann wäre bei den »Schafen«, die mit ewigem Leben belohnt werden, nicht an Gemeindeglieder zu denken (diese sind zu diesem Zeitpunkt keinem Gericht mehr ausgesetzt). Vielmehr wäre dann von Menschen die Rede, die Christus zwar nicht persönlich kannten, jedoch liebevoll und barmherzig an ihren Mitmenschen handelten. Und es würde gelten, was weiter oben bereits ausgeführt wurde: daß ihr Tun Gott einen Rückschluß auf ihr Herz und ihre Einstellung zu Jesus erlaubt. Was diese Auslegung fraglich macht, ist, daß Jesus von »diesen meinen geringsten Brüdern« spricht (V. 40). Der Ausdruck bezeichnet nach biblischem Sprachgebrauch viel eher die (verfolgten) Christen als alle bedürftigen Menschen. Aber wie wäre es denkbar, daß die »Schafe« den Christen Gutes taten, ohne durch sie von Jesus zu erfahren? Und wenn sie wirklich das Evangelium hörten, waren sie von da an nicht mehr »Menschen ohne Evangelium«, stünden nun also entweder in der Gemeinde (falls sie es annahmen) oder bei den »Bökken« (falls sie es ablehnten).

Von daher legt es sich nahe, in Matthäus 25, 31–46 nicht nur das Gericht vor dem weißen Thron zu sehen, sondern eine zusammenfassende Beschreibung aller Gerichte an allen Menschen, soweit sie nach Jesu Kommen stattfinden. Dann wären also auch die Christen unter den »Völkern« zu suchen: es wären eben die »Schafe«, die »Gesegneten meines Vaters«, wie Jesus sie nennt, die »Erben des Reiches«. Daß Jesus hier ihre Werke und nicht ihren Glauben zum Maßstab macht, sollte nicht befremden; er stellt damit lediglich die Echtheit, die Lebendigkeit und Fruchtbarkeit ihres Glaubens heraus, der ohne Werke tot wäre (Jak. 2, 17; vgl. auch Röm. 2, 6–10; 2. Kor. 5, 10; 1. Petr. 1, 17). Und daß es den Anschein hat, als fände das Gericht an der Gemeinde zugleich mit dem Endgericht an allen Menschen statt (was nach dem übrigen Zeugnis der Bibel wohl nicht der Fall ist), sollte auch nicht zu sehr verwundern. Zum einen handelt es sich beinahe um ein Gleichnis, das Jesus erzählt (er spricht von »Schafen« und »Böcken«), und nicht um eine Darstellung in streng geschichtlichem Ablauf. Zum andern deckt sich diese zusammenfassende Art der prophetischen Vorausschau genau mit dem, was Jesus in Kapitel 24 über die Endzeit sagt; dort gehen der damals nahe bevorstehende Untergang Jerusalems und die noch in weiter Ferne liegende letzte Phase vor Jesu Rückkehr so ineinander über, daß es keinem Ausleger gelingt, jeden einzelnen Vers mit Gewißheit entweder diesem oder jenem Geschehen zuzuordnen. Christus schließt hier – so scheint mir – seine Endzeitrede an die Jünger mit einem grundsätzlichen Ausblick auf das Gericht, dem jeder Mensch sich zu stellen hat, Christ wie Nichtchrist. Er faßt das auf eine Weise zusammen, an der die Barmherzigkeit und Gerechtigkeit Gottes sowie die große Scheidung, die sich dann vollzieht, in aller Klarheit zum Ausdruck kommen.

Alle diese Überlegungen zur Frage nach den »Menschen ohne Evangelium« sind durchsetzt mit »vielleicht« und »wenn« und »aber«. Die letzte Gewißheit über die rechte Auslegung der erwähnten Stellen wird kommen, wenn die Ereignisse eintreffen.

Eins jedoch ist bei dem allem deutlich geworden: Man muß keine Verkündigung des Evangeliums im Jenseits und keine Bekehrungsmöglichkeit nach dem Sterben annehmen und damit in fragwürdiger Weise über das hinausgehen, was uns Gottes Wort offenbart. Hebräer 9, 27 bleibt voll gewahrt: »Es ist dem Menschen bestimmt, einmal zu sterben; danach kommt das Gericht.« Gott reicht das Material unseres irdischen Lebens völlig, um uns gerecht beurteilen zu können. Paulus weist ja auch auf verschiedene Quellen hin, die den Heiden zur Gotteserkenntnis dienen und derentwegen sie zur Verantwortung gezogen werden können: die Natur (Röm. 1, 20; Apg. 14, 17), ihre Traditionen (Röm. 2, 14) und das Gewissen (Röm. 2, 15). Wo immer die Bibel vom endgültigen Gericht redet, macht sie deutlich, da das Urteil über den einzelnen Menschen nach dem gefällt wird, was er in seinem irdischen Leben getan hat; nirgends wird das, was sich im Zwischenzustand (zwischen Sterben und

Gericht) abspielt, als mitentscheidend hingestellt (z. B. Matth. 7, 22–23; 10, 32–33; 25, 31–46; Luk. 12, 47–48; Röm. 2, 6; 2. Kor. 5, 10; Gal. 6, 7–10; 1. Petr. 1, 17). Und auch darauf sei nochmals hingewiesen: Selbst wenn die eine oder andere der nun skizzierten Auffassungen, was mit den »Menschen ohne Evangelium« wird, stimmen sollte, ist damit für die Allversöhnungslehre nichts gewonnen. Alle, denen Jesus verkündet wurde und die ihn dennoch ablehnten, haben sich damit bereits selbst verurteilt; sie »sterben in ihren Sünden« (Joh. 8, 21. 24); für sie bleibt keine Hoffnung im Gericht. – Und alle Verkündigungsvorgänge im Jenseits, die man aus gewissen Schriftstellen heraushören mag, spielen sich auf jeden Fall *vor* dem Endgericht ab, dessen doppelter Ausgang uns unmißverständlich bezeugt ist.

k) Freude im Himmel?

Wie oft schleicht sich (keineswegs nur bei Allversöhnungsanhängern!) der Gedanke ein, es könne doch – selbst wenn wir im Himmel bei Jesus sein werden – angesichts von Millionen Verlorener im Feuersee keine letzte, tiefe Freude geben. Aber was sagt die Bibel? In Lukas 13, 28–29 beschreibt Jesus, wie »Abraham, Isaak, Jakob und alle Propheten« einmal im Reich Gottes sein und wie dort erlöste Menschen »von Osten und Westen, Norden und Süden« an der Festtafel Platz nehmen werden – und das bei gleichzeitigem »Weinen und Zähneknirschen« der Übeltäter, die aus Gottes Reich hinausgestoßen sind. Jesus stellt beides bewußt zusammen: die Verlorenen sehen die Geretteten und ermessen daran erst richtig ihr Elend; und die Geretteten feiern angesichts der Verlorenen, ohne daß ihnen das die Festfreude rauben würde. Nicht Schadenfreude oder gar Grausamkeit kommt hier zum Ausdruck, sondern Gottes Gerechtigkeit; Jesus stellt ganz realistisch dar, wie es einmal sein wird.

Auch Stellen wie Offenbarung 7, 17; 21, 4 haben mir geholfen. Hier verspricht Gott selbst absolute, von jeder Traurigkeit getrennte Freude! Und das, obwohl aus dem Kontext klar ersichtlich ist, daß es (zumindest *noch*) Verlorene gibt (z. B. Offb. 21, 8). Also ist die vollkommene Freude, der wirkliche Friede unabhängig vom Schicksal der Ungläubigen. Das sollte alle trösten, die sich den Kopf zerbrechen, was mit den »anderen« wird und wie sie selbst sich einmal von Herzen freuen können.

Ja, in Offenbarung 18, 20 geht Gottes Wort sogar noch einen Schritt weiter: hier wird ausgerechnet der Sturz der Gottlosen als Ursache (zumindest als eine Ursache) unserer jubelnden Freude genannt!

Derselbe Gedanke findet sich häufig im Alten Testament. In Jesaja 66, 22–24 spricht Gott vom neuen Himmel und der neuen Erde. Er beschreibt, wie die Erlösten ihn anbeten, und fügt im selben Atemzug hinzu: »und sie werden hinausgehen und sich die Leichname der Menschen ansehen, die von mir abgefallen sind; denn ihr Wurm wird nicht sterben und ihr Feuer nicht erlöschen, und sie werden ein Abscheu sein für alles Fleisch.« Offensichtlich stört dieser schreckliche Anblick die Anbetung nicht; fast scheint es, als steigere er sie noch, indem er die Macht und Gerechtigkeit Gottes so plastisch vor Augen stellt und dadurch die Furcht und

Ehrerbietung vor diesem großen und schrecklichen Gott erhöht.

Noch deutlicher ist Maleachi 3, 20–21: die Freude der Geretteten (sie »hüpfen wie Mastkälber«) steht in unmittelbarem Zusammenhang mit der Vernichtung der Gottlosen (»sie werden zu Asche unter euren Fußsohlen«).

Vielleicht scheint das manchem unbegreiflich und nicht nachvollziehbar. Er bittet Gott ja täglich um Rettung der Verlorenen – wie sollte er sich dann über ihren Untergang freuen können?! Nun, immerhin ist zu bedenken, daß Gott selbst uns zu dieser Freude auffordert und sie voraussagt.

Weiter mag folgende Überlegung als Hilfe dienen: Jetzt ist noch »Gnadenzeit«. Alles Beten und Wünschen der Christen geht darauf aus, daß andere Menschen gerettet werden. Dann aber, in der von der Offenbarung geschilderten Situation, wird ein völlig neuer Zeitabschnitt eingetreten sein: Keine Rettung ist mehr möglich. Das mag alles heilsgeschichtliche Denken so ändern, wie wir es uns jetzt unmöglich vorstellen können und auch gar nicht vorzustellen brauchen. »Erst nach der Endoffenbarung, also unter wesentlich neuen Voraussetzungen und im Lichte neuer Erkenntnisse und Verständnisse vermögen Menschen dem Richter rechtzugeben, und zwar willig und freudig, lobend und preisend, daß er alles wohlgemacht hat.« (A. Pohl, Die Offenbarung des Johannes, 2. Teil, a. a. O., S. 297). Heute erwartet Gott durchaus von uns, daß wir für die Erlösung aller Menschen bei ihm einstehen; aber er erwartet auch, daß wir im Blick auf die Ewigkeit getrost sind. Wir sollen ihm vertrauen, daß er es recht machen wird und wir uns auf jeden Fall über alle Maßen (alle irdischen Maße hinter uns lassend!) freuen werden – auch jenseits (oder sogar entgegen?) aller »unserer« Heilspläne.

I) Gottes Ehre

Wir sollten wohl mehr zwischen Gottes Ehre und Gottes Liebe unterscheiden. In Allversöhnungskreisen wird beides allzurasch gleichgesetzt: Gottes Ehre sei erst erfüllt, wenn er in seiner Liebe tatsächlich alle Geschöpfe erlöst habe. Vielleicht spielt bei diesem Denken – unbewußt – ein ganz menschlicher, »eigennütziger« Gesichtspunkt eine Rolle: Bei Gottes Liebe richtet sich der Blick auf das Geschöpf, das gerettet wird und also am meisten davon profitiert; bei Gottes Ehre geht es um Gott, wobei der Mensch nicht unbedingt etwas gewinnt, wenigstens nicht auf den ersten Blick.

Auch die Allversöhnungsvertreter geben zu, daß das höchste Ziel in Gottes Heilsplan seine Verherrlichung ist; ich glaube, in diesem Punkt sind sich alle Christen einig. Gottes Ehre steht ganz oben. Nur wird bei der Allversöhnung gelehrt, daß es keinen anderen Weg zur Erreichung dieses Zieles gibt als den der Rettung aller Menschen; insofern wird nachträglich der Begriff der Liebe doch wieder neben den der Ehre gehoben.

Was sagt die Bibel dazu? Nach 2. Korinther 2, 14–16 ist unser Zeugnis von Jesus immer ein »Wohlgeruch« für Gott – ob die Hörer es nun annehmen oder ablehnen. Den einen gereicht das Evangelium zum Leben, den anderen zum Tod; bei Gott führt es beidemale zur Vergrößerung seiner Ehre. Sowohl die, »die gerettet werden«, als auch die, »die verloren gehen«, müssen Gott durch ihre Entscheidung verherrlichen.

Noch deutlicher macht es die Offenbarung. Neben den im letzten Abschnitt (II k) zitierten Stellen sei vor allem an Kapitel 19, 1–9 erinnert. Hier preist der ganze Himmel Gott, jubelt und ruft: »Halleluja! Das Heil und die Herrlichkeit und die Kraft gehören unserem Gott! . . . Halleluja! Denn der Herr, unser Gott, der Allmächtige, hat die Herrschaft angetreten!« Ja, eine Stimme vom Thron Gottes fordert alle auf, in dieses Lob miteinzustimmen: »Lobt unseren Gott, alle seine Knechte, alle, die ihn fürchten, Kleine und Große!« Welcher Christ wollte es da wagen, Gott nur unter Vorbehalten zu preisen, unter der Voraussetzung nämlich und mit der Bedingung, daß erst noch alle Geschöpfe gerettet werden? Denn das sind sie zum Zeitpunkt von Offenbarung 19 ganz bestimmt nicht; Gottes Ehre wird gerade deshalb besungen, weil er die Gottlosen verurteilt hat: »Halleluja! . . . Denn wahrhaftig und gerecht sind seine Gerichte: er hat die große Hure verurteilt!« Und noch krasser: »Halleluja! Denn Rauch steigt von ihr auf in Ewigkeit!« Zu behaupten, der eigentliche Jubel gelte Gottes Weisheit, die eben diese ewigen Gerichte dazu benütze, die Sünder doch noch zu sich zu ziehen, hieße die klare Aussage des Textes in ihr Gegenteil verkehren. Nein, es ist offensichtlich: Hier wird das von allen Christen angestrebte Ziel erreicht (Gottes uneingeschränkte Herrschaft und Verherrlichung), ohne daß alle gerettet sind. Die einen ehren Gott, weil er sie gerecht gemacht und zur Hochzeit des Lammes berufen hat; die anderen ehren ihn, indem sie sich seiner Macht beugen und ihren Widerstand aufgeben.

Vielleicht wird dies einem bisherigen Allversöhnungsanhänger zur Brücke: die Tatsache, daß Gott auf jeden Fall von allen in höchstem, nicht mehr überbietbarem Maß geehrt, gelobt, verherrlicht werden wird. Das nennt die Schrift als Ziel und Ergebnis sowohl bei den Rettungsstellen als auch bei den Gerichtsstellen. Und da Gottes Ehre noch über die Erlösung seiner Geschöpfe hinausgeht, darf uns das ruhig machen. Wenn es uns wirklich im letzten um seine Ehre geht, können wir uns damit trösten, daß dieses Ziel auf jeden Fall erreicht wird. Wenn der Herr dazu einen anderen Weg weiß als die Allversöhnung, die Rettung aller seiner Geschöpfe, ist das seine Sache (und wir haben uns dem gehorsam zu beugen und dürfen nicht menschlich-barmherziger sein wollen als er). Wenn es ihm genauso viel Ehre einträgt, von den Verdammten wegen seiner Gerechtigkeit und Macht geehrt zu werden, wie wenn sie als doch noch Gerettete seine Barmherzigkeit rühmen würden, wollen wir das voll Freude annehmen. Die Hauptsache ist, daß unser Gott in vollem Umfang von allen geehrt wird. Und dieses eigentliche Ziel aller Wege Gottes – das verspricht die Bibel ohne jeden Zweifel – wird mit Bestimmtheit eines Tages erreicht sein: »Es werden dich loben, Herr, alle deine Werke« (Ps. 145, 10).

III. PERSÖNLICHES

a) Meine Abkehr von der AV-Lehre

Was mir bis zum Schluß am meisten Kopfzerbrechen bereitete, war eine sachliche, gesunde Auslegung der Bibelstellen, die scheinbar die Allversöhnung lehren.

Dagegen kam mich recht früh ein gewisses Unbehagen an, was die Gerichtsaussagen betrifft. Zu offensichtlich lassen die endgerichtlichen Stellen den erzieherischen Aspekt vermissen, den sie angeblich haben sollen.

Nachdem ich die Allversöhnung noch eine Zeitlang verteidigt hatte – vielleicht um so heftiger, je mehr ich ein Nachlassen der Überzeugungskraft spürte –, begann ich mich zurückzuhalten und die ganze Sache immer neu zu überdenken. Loslassen konnte und wollte ich noch nicht. Statt dessen suchte ich mir Wege zwischen den beiden »feindlichen Lagern«.

Beim Begriff des »Äonischen« fragte ich weniger nach dem Wielange als nach der Qualität und legte ihn mir folgendermaßen zurecht: Die Ewigkeit ist – im Gegensatz zur Jetztzeit, wo der Mensch Mitspracherecht hat und Satan Fürst dieser Welt ist – dadurch charakterisiert, daß nur noch Gott regiert; sie steht ausschließlich unter seiner Verfügungsgewalt. »Äonisch« bedeutet daher: allen menschlichen Möglichkeiten entzogen, nur von Gott bestimmt und beherrscht. Zwei Möglichkeiten ergeben sich daraus im Blick auf die Dauer des Gerichts.

Entweder schließt man auf die Endgültigkeit der Strafe, weil eben der Mensch sie durch nichts mehr abändern kann, auch nicht durch Buße und Zerbruch. Oder aber man folgert, daß Gott die Ewigkeit ändern wird (was ihm ja zusteht und weil ihm nichts unmöglich ist) und die nach menschlichem Ermessen unheilbare Wunde heilt. Ob oder gar daß er das tun werde, sagte ich mir, könne man allenfalls in gewissen Schriftstellen angedeutet sehen; direkt ausgesprochen werde es nirgends.

Diese Zwischenstellung mußte ich bald verlassen; der sprachliche und sprachgeschichtliche Befund in der Bibel und ihrer Umwelt war zu stark: »äonisch« bedeutet »unendlich, endlos«, was immer man sonst noch heraushören mag.

Damit stand ich vor einer (in meinen Augen) ungeheuerlichen und unlösbaren Spannung: Ich sah eine Kette von Bibelstellen, die klar für die Ewigkeit des Gerichts sprach, und eine andere, die ebenso klar die Rettung aller Geschöpfe bezeugte. So versuchte ich, aus der Not eine Tugend zu machen und in dem Ganzen eine Antinomie zu sehen, also einen wirklichen Gegensatz, bei dem beide Seiten nötig sind, um den wahren Sachverhalt zu erfassen. Ich dachte an die vielen anderen biblischen Antinomien, die alle auch daher rühren, daß Gottes Welt in unsere hineinragt und uns vor Probleme stellt, die unser Denken übersteigen – die Spannung zwischen Gottes Einheit und Dreiheit zum Beispiel oder die zwischen Jesu göttlicher und menschlicher Natur oder zwischen seiner Allmacht und unserer Freiheit. Könnte die Allversöhnung nicht auch so eine Schwierigkeit für uns darstellen, weil sie von der Ewigkeit handelt?

Allerdings: Bei einer echten Antinomie müssen beide Aussagen gemacht werden, um die Wirklichkeit richtig zu beschreiben. Gott ist einer, und Gott ist drei – beides stimmt, oder vielmehr: erst beides zusammen stimmt. Erst die Dreieinheit gibt das richtige Gottesbild ab. Doch genau das läßt sich bei der Allversöhnung nicht nachvollziehen. Andernfalls erhielte man ja einen letzten, endgültigen Widerspruch: Man müßte gleichzeitig an zwei Aussagereihen festhalten, die sich schlechthin absolut entgegenstehen. Entweder es werden einmal alle gerettet, oder es bleibt ein Teil für immer verloren. Beides zugleich ist unmöglich. Man kann nicht die Ewigkeit als den gemeinsamen Nenner betrachten, auf den diese gegensätzlichen Seiten zu bringen seien; denn beides wird ja gerade im Blick auf die Ewigkeit und von der Ewigkeit gesagt. Zwei Linien, die in der Ewigkeit diametral auseinanderstreben, können nicht zugleich in der Ewigkeit zusammenlaufen. Da die Heilige Schrift eine letzte Einheit in allen ihren Aussagen bildet, ist dieses Ergebnis also unbedingt abzuweisen.

Es mag akzeptabel sein, wenn einer sich bescheidet und sagt: Ich weiß den Ausgang der Heilsgeschichte nicht. Aber es ist unannehmbar, wenn einer behauptet, die Bibel bezeuge beides, Allversöhnung und ewiges Gericht. Damit hätte man ihr einen letzten Widerspruch unterstellt.

Doch der Rückzug aufs Nichtwissen konnte auf Dauer nicht befriedigen; er entspricht auch nicht dem, was die Bibel von uns fordert. Wir sollen nämlich Dogmatik treiben, sollen ihre Lehre erforschen; sie hält uns an, scheinbar gegensätzliche Stellen – wenn irgend möglich – auszugleichen, da sie uns ja ihre grundsätzliche Einheit bezeugt. Wir sind daher auch berechtigt, ja genötigt, eine systematische Lösung und Klärung im Bereich der eschatologischen Aussagen anzustreben (ohne daß das zu einem bibelfremden System mit eigenen Ansichten führen muß, die über die Schriftstellen gestülpt werden).

Damit war die Entscheidung vorgegeben. Zurück zur Allversöhnung konnte ich guten Gewissens nicht mehr; so blieb nur der andere Weg offen. Lange zögerte ich noch, den Schritt auf die Gegenseite vorbehaltlos zu wagen; zu sehr bedrückte mich der Gedanke, gleichsam zugeben zu müssen, daß Gott eben doch nicht alle seine Geschöpfe für immer liebt (weil er nichts mehr unternehmen wird, um sie zu retten) und daß irgendwie die menschliche, die satanische Macht noch im Unterliegen triumphiert (indem sie durch ihren Ungehorsam Gottes Willen durchkreuzt, alle zu erlösen). Eins half mir da hindurch: daß ich alle diese falschen Vorstellungen, dieses verdrehte Gottesbild (von dem ich mehr und mehr spürte, wie verkürzt, wie selbstgemacht und damit zu billig, wie einseitig es war) Gott brachte und ihn bat, es anhand seines Wortes zurechtzurücken. So kam es, daß ich nicht in ein Vakuum abstürzte, daß ich mit dem falschen Gottesbild nicht auch Gott selbst verlor, sondern daß er das rechte an dessen Stelle setzen konnte (und er ist noch dabei, es aufzubauen).

War dieser Standpunkt erst einmal gewonnen, fiel es mir nicht mehr allzu schwer, die »todsicheren« Allversöhnungsstellen neu zu durchleuchten und von diesem anderen Blickwinkel aus zu entdecken, daß sie soo hundertprozentig ja gar nicht waren, sondern sich ganz gut ins übrige der Bibel einfügen ließen, ohne exegetische Vergewaltigung von mir zu verlangen. Im Gegenteil, ich stellte fest, daß ich sie bisher überfordert hatte und viel mehr aus ihnen herauslesen wollte, als sie – zumindest in der gewünschten Richtung – tatsächlich sagten. Überhaupt wurde mir im Rückblick klar, wie sehr ich fast gewaltsam überall in der Bibel nach Belegen für die Allversöhnung gesucht hatte, bis ich sie auch an Stellen und aus Zusammenhängen heraushörte, die damit nun wirklich nichts mehr zu tun hatten. Auch verstand ich mit einem Mal jene christlichen Schriftsteller, die scheinbar völlig »allversöhnerische« Gedanken äußern konnten und sich doch anderweitig klar von dieser Lehre distanzierten und die ich darum für inkonsequent gehalten hatte. Jetzt sah ich: Nicht Inkonsequenz war es, sondern gesunde biblische Ausgewogenheit, die sie diesen Standpunkt einnehmen ließ.

Eins ist mir dabei immer deutlicher geworden: Es gibt im biblisch-dogmatischen Lehrgebäude einerseits Dinge, über die sich die Gemeinde Jesu durch alle Jahrhunderte hin stets aufs neue eins geworden ist – z. B. Trinität, Schöpfung, Sündenfall, Gesetzgebung, Kreuz und Auferstehung, Himmelfahrt, Pfingsten, Gemeindebau, Wiederkunft Jesu – und eben auch Endgericht mit zweifachem Ausgang. Das alles sind Punkte, die Gott so klar und so oft in verschiedensten Zusammenhängen offenbart hat, daß darüber keine Zweifel bestehen – es sind gleichsam die Pfeiler und Stützen in diesem Gebäude, an denen niemand ohne Schaden rüttelt. Sie bilden den notwendigen Grundbestand »gesunder Lehre«. Daneben gibt es Dinge, über die es immer wieder zu verschiedenen Ansichten gekommen ist, weil sie sich von der Bibel her nicht eindeutig entscheiden lassen (man denke etwa an bestimmte Fragen um die Endzeit – ihren genauen Ablauf, den Antichrist, Israels Stellung, das Tausendjährige Reich u. ä.). Diese bilden dann das Material, das den Raum zwischen den Pfeilern füllt.

Eine solche Unterscheidung zwischen Klarem und Unklarem, Wesentlichem und Zweitrangigem ist wichtig, damit die Unsicherheit in Nebensachen nicht auf die Hauptpunkte übergreift und diese ebenfalls in den Verdacht bringt, nicht eindeutig offenbart zu sein. Wie oft werden in Allversöhnungskreisen zahlreiche Stellen aus den Sprüchen, dem Prediger und den Psalmen und Propheten zusammengetragen, die scheinbar vage Andeutungen auf eine Allversöhnung machen, in Wirklichkeit jedoch – bei aller Inspiration – gar nicht in diesem weiten heilsgeschichtlichen Zusammenhang stehen, daß sie solche Schlüsse erlauben würden. Man gewinnt dann den Eindruck, die ganze Bibel sei erfüllt von (beinahe) verborgenen Hinweisen auf die Allversöhnung und übersieht am Ende die klarsten Aussagen zu diesem Thema. Man hat »Mücken gesiebt und ein Kamel verschluckt« (vgl. Matth. 23, 24). Hier bewährt sich der alte Grundsatz, undeutliche Schriftstellen im Licht der deutlichen zu erklären, statt das Dunkel einzelner Verse auch über die eindeutigen Aussagen zu breiten. Geht man erst einmal von den Pfeilern und Stützen aus, dann fällt immer mehr Licht auch auf die bis dahin noch im Dunkel liegenden Zwischenräume.

b) . . . gefördert durch fragwürdiges Verhalten bei Allversöhnungsvertretern

Diese Wende im lehrmäßigen Bereich wurde durch verschiedene negative Beobachtungen begünstigt, die ich bei Befürwortern der Allversöhnung machte. (Dabei denke ich nur an Punkte, bei denen meines Erachtens ein mehr oder weniger starker innerer Zusammenhang mit der Allversöhnungslehre besteht; es geht mir also keineswegs um eine Kritik dieser Kreise als solcher oder einzelner Brüder in ihrem Christsein, sondern lediglich um weitere Argumente, die die Allversöhnung selbst betreffen. Im übrigen nehme ich mich nicht davon aus; die verkehrte Haltung war oft auch meine eigene Haltung.) Immer wieder stieß ich auf ein Überlegenheitsgefühl, das gelegentlich an Hochmut grenzte und mich störte. Bei der Verkündigung trat es zutage, aber auch im privaten Verhalten des einzelnen. So geschah es zum Beispiel, daß bei einem Besuch verschiedener Christen, die alle in einem Raum versammelt waren, ein Bruder mich am Ärmel zupfte, in ein Nebenzimmer führte und mit gedämpfter Stimme sagte: »Ich gehöre auch zu denen, die noch an das ganze Wort Gottes glauben!« (Er wußte um meine Zugehörigkeit zu Allversöhnungskreisen.) Bei einem anderen Besuch zog mich der Gastgeber rasch durch die Haustür und schloß sie mit den Worten: »Hier sind wir unter uns; wir können offen reden.« Beide Beispiele sind typisch für das, was ich in jener Zeit erlebte und wie in jenen Kreisen gedacht wird.

Zwei Dinge werden daran deutlich. Das eine ist die Auffassung, man habe als Allversöhnungsanhänger eine tiefere biblische Erkenntnis (und sei folglich geistlich weiter als das Gros der Christenheit; hier liegt die Wurzel für möglichen Hochmut). Es gibt solche, die der festen Überzeugung sind, die Bibel lehre offen die Allversöhnung, und wer das nicht wahrhaben wolle, sei nicht ganz bibeltreu, sondern Gott ungehorsam. Andere geben zu, daß die Heilige Schrift die Sache keineswegs so eindeutig darstellt; doch führen sie zu dem »offenbarten« Willen Gottes noch einen »geheimen« ein, der irgendwo zwischen den Zeilen zu lesen sei und alle offenen Fragen zur Allversöhnung beantworte (befremdend ist nur, daß ausgerechnet Allversöhnungsanhänger Zugang zu diesem »geheimen Willen Gottes« haben, und es überrascht, daß er gerade die Allversöhnung und nicht irgend etwas anderes oder womöglich das Gegenteil offenbart). Noch andere gestehen, daß der Allversöhnung in Gottes Wort, wie es uns heute vorliegt, deutlich widersprochen wird, hoffen und meinen aber, Gott werde in seinen unendlichen, vieldimensionalen Zukunftsräumen eine Wende herbeiführen und Dinge tun, die er uns Menschen jetzt noch nicht mitgeteilt habe (eine gefährliche Einstellung: sie schafft Mißtrauen gegen das, was die Bibel lehrt, lädt dazu ein, sich über sie hinwegzusetzen, und stellt sich letztlich über Gott, indem sie menschliches Wunschdenken seinem Wort vorzieht. Damit erinnert sie fatal an jenes Vorgehen der Schlange im Paradies, die zwischen Gottes Worte und Gottes wahre Absichten einen Keil zu treiben versuchte. Wie sehr sie damit im Unrecht war, zeigt spätestens der Ausgang der Begebenheit: Gott handelte an Adam und Eva nicht nach deren Hoffnungen – zu sein wie Gott –, sondern nach seinem Wort – sie mußten sterben!).

Irgendwo zwischen diesen Positionen befindet sich jeder, der die Allversöhnung für richtig hält. Und auf jeden Fall nährt jeder dieser Standpunkte die Überzeugung, zu einer höheren Erkenntnis gelangt zu sein.

Hier liegt – diesen Eindruck habe ich wenigstens – ein grundsätzliches Mißverständnis darüber vor, was »Wachsen in der Erkenntnis« wirklich bedeutet. Wachsen in der Erkenntnis hat es nach dem Neuen Testament immer mit dem praktischen Leben zu tun; Erkennen ist eine Sache nicht nur des Kopfes, sondern ganz ebenso auch der Hände und Füße. »Christus erkennen« heißt Jesu Lehre in Leben umsetzen, heißt Wissen anwenden, heißt in der Verkündigung und Seelsorge seine Vollmacht erfahren, heißt immer rascher zum Gehorsam willig sein. »Adam erkannte Eva« (1. Mose 4, 1): hier ist ganz bewußt der Rahmen des Nur-Intellektuellen gesprengt. »Ihr sollt erkennen, daß ich Gott bin« (z. B. Ps. 46, 11): hier könnte man genauso gut mit »Ihr sollt erfahren . . . « übersetzen, denn das Erkennen geschieht nicht durch Überredungskünste, sondern durch Gottes mächtige Taten. Entsprechend geht neutestamentliches Lehren nirgends darauf aus, bloßes Wissen zu vermitteln, sondern will dieses Wissen unbedingt auch in die Praxis umgesetzt sehen. Sicher möchte uns die Bibel gesunde Informationen über Gott und die Welt mitteilen. Aber Wissen allein genügt nicht; es ist sogar schädlich, wenn der Gehorsam ausbleibt. »Die Erkenntnis bläht auf . . . Wenn jemand meint, er habe etwas erkannt, so hat er noch nicht erkannt, wie man erkennen soll« (1. Kor. 8, 1–2).

»Die Frage der Allaussöhnung ist für mich immer mit der Frage meiner Gotteserkenntnis verbunden«, las ich einmal. »Da in meiner Bibel steht: ›Gott will, daß allen Menschen geholfen werde und alle zur Erkenntnis der Wahrheit kommen‹ (1. Tim. 2, 4) und in Psalm 135, 6: ›Was Gott will, geschieht‹, ist für mich die Frage klar beantwortet. Wer gegen die Allaussöhnung ist, hat eben keinen allmächtigen, sondern nur einen halbmächtigen Gott und ist daher zu bedauern.«

Worin besteht denn, frage ich zurück, das Erkennen der Macht Gottes? in großartigen Gedanken über zukünftige Dinge etwa? in glänzenden Lehren? in allerlei vermeintlichem Wissen? oder nicht vielmehr »hic et nunc« in konkreten Alltagssituationen, in der Gemeindearbeit, in der Seelsorge, in durchschlagender Verkündigung? Hatten dann nicht ein Charles Finney, ein Hudson Taylor oder ein Georg Müller einen viel mächtigeren Gott als jener Schreiber, auch wenn sie die Allversöhnung strikt ablehnten? Und was heißt denn: völlig an das ganze Wort Gottes glauben? Es bedeutet doch eben nicht nur, alles für richtig zu halten, was darin steht, sondern: ihm zu vertrauen, seine Verheißungen ernst zu nehmen, seine Aufträge zu erfüllen, es in der Praxis zu erproben – und wieder müssen wir sagen: das taten zum Beispiel Hudson Taylor oder Georg Müller in reichstem Maß; sie hatten bestimmt keinen eingeschränkten Glauben an Gottes Wort.

Immer mehr erkennen bedeutet also nicht, immer neue Lehren zu entdecken. Wehe, wer sich einmal auf diesen Weg eingelassen hat und meint, nur so könne er geistlich wachsen! Es kommt nicht von ungefähr, daß gerade die Allversöhnungskreise so anfällig sind für alle möglichen und unmöglichen anderen Sonderlehren. Wer dadurch im Glauben vorankommen möchte, daß er ständig neue Lehrerkenntnisse sammelt, der ist an ein Faß ohne Boden geraten. Eines Tages geht ihm der biblische Stoff aus, und dann muß menschlich kluges Gedankengut herhalten. Die Bibel ist gar nicht mehr der feste Grund, der Nährboden für neue Erkenntnisse. Man sammelt begierig von überall her ein Fündlein nach dem anderen, bloß um noch ein Stück weiterzuwachsen in der Erkenntnis, und wenn man dann lange genug in der Bibel sucht, findet man immer einen Vers, der das Gewünschte zu unterstreichen scheint. »Den Verkehrten ist Gott verkehrt« (2. Sam. 22, 27), möchte man hier fast meinen. Da werden biblisch-einheitliche Gedankengänge auf spitzfindigste Weise zerlegt, da sucht man hinter dem offenkundigen, jedem zugänglichen Sinn des Textes tiefere Einsichten durch blühende Allegorik oder seltsamste Zahlensymbolik, da findet man plötzlich verschiedene Klassen von Christen im Neuen Testament – Reichschristen und Leibeschristen, Volk Gottes und Gemeinde Christi Jesu – und entdeckt, daß die paulinischen Briefe die höchste Offenbarung innerhalb der Offenbarung darstellen (dort finden sich ja auch die meisten Allversöhnungsstellen!), da berechnet man ungehemmt alle möglichen Daten der Endzeit – alles habe ich in diesen Kreisen erlebt (von den allzu absonderlichen Dingen ganz zu schweigen), und für alles fand man natürlich biblische Begründungen genug.

Noch einmal ein Zitat eines Allversöhnungsbefürworters: »Die Begründung mit Bibelstellen ist nicht so wichtig, wie man immer denkt. Erst muß der Heilige Geist eine Erkenntnis aufschließen oder offenbaren, dann folgen die Beweise aus der Schrift ganz von selber. Wem eine Wahrheit nicht geoffenbart ist, der kann sie auch nicht glauben und annehmen, wenn man ihm noch so viele Bibelstellen dazu herbringt. Beweis ist die Spaltung, welche die Allversöhnungswahrheit heute in den Reihen der Gläubigen hervorgebracht hat. Wem es nicht geoffenbart ist, der wird durch die schönsten Bibelstellen nicht überzeugt, sondern erklärt sie für eine Irrlehre. Und wem es geoffenbart ist, der findet die biblischen Beweise auf jeder Seite der Schrift.« – Deutlicher (und dabei noch ungewollt!) kann man es fast nicht mehr ausdrücken, wie bibelfremd diese Einstellung ist.

Sie führt ja auch beinahe zwangsläufig dahin, daß man nicht mehr gemeinsam in der Schrift forschen kann, wie es sich denn nun verhält. Statt sich von einer klaren Aussage überzeugen zu lassen, heißt es einfach: Du befindest dich auf einer anderen geistlichen Wachstumsstufe und hast daher ein anderes geistliches Verständnis! (Ich habe es erlebt, wie ein jüngerer Christ im Anschluß an einen Vortrag einige Fragen stellte, weil er mit einer bestimmten darin ausgeführten Lehre nicht einverstanden war, worauf ihm vor allen Zuhörern beschieden wurde: Du befindest dich auf der Stufe der Evangelien und des Johannes, und von deiner Warte aus hast du ganz recht. Wenn du in dem, was du erkannt hast, treu lebst, wirst du zur paulinischen Stufe weiterwachsen und die Sache dann so sehen wie wir.) Wahrheit wird nicht mehr gegen Falsches abgegrenzt; statt dessen heißt es: »Wahrheit gibt sich auf jeder Stufe als Wahrheit kund.«

Von da ist es nur noch ein kleiner Schritt bis zur Abwertung des Verstandes. Es ist ja nicht der Verstand, so wird gesagt, der eine neue Erkenntnis aufschließt (nein, der Verstand würde wohl eher alle zur gleichen

Schau der Dinge führen; zuviel verstandesmäßiges Forschen ist daher eher lästig), sondern der Heilige Geist. Hier werden Verstand und Gottes Geist auf eine Weise gegeneinander ausgespielt, wie es die Bibel nie macht. Wohl lehrt sie, daß der ganze Mensch und folglich auch sein Verstand in Sünde gefallen ist. Doch bei der Wiedergeburt wird nicht nur das Herz, sondern auch das Denken erneuert, weshalb wir es für Gott einsetzen dürfen und sollen. Wie anders will man denn Gott sonst erkennen? Etwa durch unkontrollierbare Träume? durch schöne Gefühle? durch irrationale Intuitionen? Nichts davon könnte man den Mitmenschen glaubhaft mitteilen. Gott selbst stellt sich gegen solche Wege der Offenbarung, indem er uns die Bibel geschenkt hat, also ein mit Hilfe des Verstandes abgefaßtes Buch voll von Gedankengängen, zu denen man weder durch tiefe Empfindungen noch mit geschlossenen Augen Zugang bekommt, sondern allein mit ganzem Einsatz seines Verstandes. Sicherlich muß unser Denken dabei vom Heiligen Geist geführt und erleuchtet sein; aber Gott benützt eben das Werkzeug des Verstandes, um sich uns zu erkennen zu geben. Und das gebietet uns, miteinander gründlich in der Bibel zu forschen, und verbietet uns, Meinungsunterschiede einfach damit abzutun, daß man in der Erkenntnis verschieden weit gewachsen sei. In Wirklichkeit schiebt man damit diese Unterschiede und Gegensätze der Bibel selbst in die Schuhe, so daß am Ende keiner mehr weiß, was sie denn nun eigentlich lehrt, und nur die resignierende Frage bleibt: »Was ist Wahrheit?«

Das ist das eine: die Überzeugung, man habe mit der Allversöhnungslehre eine tiefere Erkenntnis gewonnen und sei daher geistlich besonders reif. Das andere, was aus den beiden weiter oben erwähnten Beispielen deutlich wird, ist die Gefahr der Abkapselung. Aus den Allversöhnungskreisen wird sehr leicht so etwas wie eine Reihe von Geheimklubs; sie nehmen schnell einen esoterischen Zug an. Die anderen Christen verstehen einen nicht, sie wollen von diesen tiefen Erkenntnissen nichts wissen – also trifft man sich in eigenen Zirkeln, wo man sich all den wunderschönen Wahrheiten ungestört hingeben kann. Man ist fast stolz darauf, auf diese Weise für Christus leiden zu dürfen; bringt nicht jedes Erkenntniswachstum zugleich ein Stück Vereinsamung, Entfremdung auch unter Brüdern mit sich? Ging es Paulus nicht genauso? Stand nicht Jesus selbst am Ende ganz alleine da, weil ihn keiner mehr verstand?

Wieder wird deutlich, wie verkehrt diese Auffassung vom Wachstum und von der Gemeinschaft ist. Gesundes Wachsen hat es immer mit dem Gesamtleib Jesu Christi zu tun; es gibt letztlich kein individuelles Wachstum. Und die Lesergemeinde einer Zeitschrift, die Allversöhnungsgedankengut verbreitet, oder die regelmäßige Bibelstunde, zu der Allversöhnungsanhänger von weit her aus dem ganzen Land zusammenkommen, um statt des üblichen häuslichen Schwarzbrotes süßen Rosinenkuchen zu genießen (muß man da nicht bald an geistlicher »Zuckerkrankheit« zugrunde gehen?), kann rasch zur Selbsttäuschung führen; echte Gemeinde gibt es nur »vor Ort«. Alles andere ist scheinbarer Fortschritt. Das Rücksichtnehmen auf andere und das Gefördertwerden durch andere fehlt nämlich (man kommt ja gerade zusammen, um sich selbst zu bestätigen); es fehlt also das Korrektiv, der einzelne wächst unkontrolliert, ungesund, krebsartig. Er wird weder von verkehrten Wegen zurückgehalten noch auf dem richtigen Weg gefördert: das alles gelingt auf Dauer nur in der Gemeinschaft einer Ortsgemeinde.

Dieser Weg ist nicht lediglich eine Möglichkeit, von der man dankbar Gebrauch machen soll, wenn sich die Gelegenheit dazu bietet und die anderen Christen einen nicht abstoßen. Nein, er ist ein Absolutum, ist höchstes Ziel und einziger gesunder Grund. Wer das einmal begriffen hat, kann sich nicht mehr darauf verlegen, Gott habe ihn eben tiefere Wahrheiten erkennen lassen, folglich stehe er isoliert da; nein, er müßte buchstäblich um Gottes willen – weil bei ihm nicht irgendwelche tiefen Wahrheiten, sondern die Gemeinde das ist, was zählt – mit allen diesen Sonderlehren in den Raum der Gemeinde zurück, dürfte nicht in dem imaginären Raum einer Vortrags- oder Lesergemeinde bleiben, und müßte seine Ansichten der Gemeinde, den Ältesten zur Prüfung vorlegen. Was dann übrigbleibt, dient allen und baut gesund auf; das andere kann man getrost beiseite lassen. (Daß ich hier nur an Gemeinden denke, deren Leiter wiedergeborene Christen sind und die sich zur ganzen Bibel als Gottes Wort stellen, versteht sich von selbst.)

Das Urteil der Gesamtgemeinde wiegt viel mehr, als wir gewöhnlich meinen, gerade auch zur Zeit des Neuen Testaments. Immer wieder haben sogar die Apostel das gemeinsame Handeln, die Zustimmung der übrigen in Lehrfragen gesucht; ohne das sind sie nicht weitergegangen. Daß der gesunde Durchschnitt erfahrener Christen diese Sonderlehre ablehnt (und im Lauf der Kirchengeschichte immer aufs neue abgelehnt hat), müßte deren Anhängern unbedingt ein Warnlicht sein. Daß sie sich in keiner Ortsgemeinde halten kann (ohne diese zu zerstören), müßte Widerlegung genug sein (die vereinzelten Ausnahmen, die es hier und da eine Zeitlang geben mag, bestätigen nur diese Regel). Was nicht im Schoß der Gemeinde entsteht und weiterhin von der Gemeinde getragen wird, hat sich selbst verurteilt; das war schon zur Zeit der Apostel so. Hier sollte man prüfen, was eigentlich Vorrang hat: unbedingt eine neue »Erkenntnis« zu verbreiten oder die Einheit der Gemeinde zu wahren. Der »erwachsene, vollkommene Mann«, von dem Paulus in Epheser 4, 13 redet, ist eben nicht ein einzelner Christ, der den anderen weit vorausgeeilt ist (und darum nicht mehr verstanden wird und von seiten seiner Brüder Verfolgung erfährt), sondern es ist die ganze Gemeinde.

Hilfreich mag sein, sich zu überlegen, ob man als Prediger einer Gemeinde wirklich bereit wäre, ihr die Allversöhnung zu verkünden. Als ich tatsächlich in diese Lage kam, weil ich von einer Gemeinde berufen wurde, habe ich mich entschlossen, eisern zu schweigen und diese Lehre (an die ich damals noch glaubte) weder von der Kanzel noch im Einzelgespräch zu erwähnen, weil mir klar war, daß ich damit nur Unruhe und Spaltung hervorrufen würde, und das wollte ich unter keinen Umständen. Das führte mich aber unweigerlich dahin, zu fragen, ob denn eine Lehre biblisch sein könne, von der ich es nicht wagte, sie offen zu verkünden. Die Wahrheit muß doch frei heraus gesagt werden dürfen! Was wirklich gesunde Erkenntnis ist, geht alle Christen an, kann niemandem schaden und stößt höchstens die Unbewährten, die Halbherzigen ab. Paulus hat der Gemeinde in Ephesus drei Jahre lang den ganzen Ratschluß Gottes verkündet; jeden einzelnen hat er unterwiesen und ermahnt (Apg. 20, 27. 31). Er hat die Gemeindeglieder nicht entsprechend ihren Wachstumsstufen in kleine Gruppen aufgeteilt und in jedem Kreis etwas anderes gelehrt; alles, was er zu sagen hatte, hat er allen gesagt. – Daß dies mit der Allversöhnung von der Gründung der Gemeinde an bis heute nie möglich gewesen ist, sollte zu denken geben.

Ein geflügeltes Wort aus den Kreisen der Allversöhnung (es soll von J. A. Bengel stammen) lautet: »Ein Ochse ist, wer es nicht glaubt, und ein Esel, wer es lehrt« (gedacht ist eben an die Lehre der »Wiederbringung«, wie die Schwabenväter sie nannten). Dieser Ausspruch (auch wenn er natürlich einen Schuß Ironie enthält) faßt die beiden nun ausgeführten fragwürdigen Punkte aufs beste zusammen, die bei den Befürwortern der Allversöhnung immer wieder gefunden werden und die mich darin bestärkten, dieser Lehre den Rücken zu kehren: das Gefühl der Überlegenheit all derer, die an die Allversöhnung glauben (sie sind keine »Ochsen«), und die Tendenz, diese Lehre nicht offen vor die Gemeinde zu tragen (wo sie verworfen würde), sondern sie in eigenen Kreisen oder gleichsam hinter vorgehaltener Hand weiterzusagen (dann gehört man nicht zu den »Eseln«).

c) . . . behindert durch ungutes Vorgehen bei Allversöhnungsgegnern

Zu einem Teil wurde meine Abwendung von der Lehre der Allversöhnung durch die Art erschwert, wie deren Gegner mich davon abzubringen suchten. Es geht, wenn ich einige solche Punkte aufzähle, wieder nicht um Kritik an diesen Brüdern (der eigentliche Fehler lag sowieso bei mir), sondern eher um eine Hilfestellung, wie man ein anderes Mal geschickter vorgehen kann.

Häufig wird einem Anhänger der Allversöhnung als Hauptargument entgegengehalten: Eure Lehre zerstört die Missionsarbeit; ihr seid nicht missionarisch aktiv. – So zutreffend das aufs Ganze der Allversöhnungsbewegung (falls es so etwas gibt) sein mag, so unrecht kann man dem einzelnen damit tun. Vielleicht wäre eine unevangelistische Lebensweise aufgrund der Allversöhnungslehre tatsächlich logisch (und daß man dem Streben nach immer neuen »Entdeckungen« in der Bibel so viel Zeit widmet, mag wirklich daher rühren, daß man das Missionieren nicht für allzu dringlich erachtet, da vermeintlich ja doch niemand endlos von Gott getrennt bleiben muß); aber hier handelt eben nicht jeder konsequent, zum Glück nicht. Ich selbst wies diesen Vorwurf entschieden zurück; und ich weiß von einer ganzen Zahl zum Teil leitender Brüder aus solchen Kreisen, die – neben ihrem Steckenpferd, der Allversöhnung – klar evangelistisch predigten und viele, Hunderte zum persönlichen, lebendigen Glauben an Jesus führen durften. (Ein lieber alter Christ, ein überaus fleißiger Straßenmissionar, der ein besonderes Geschick hatte, Menschen auf Jesus anzusprechen, erzählte mir: Seit ich von der

Allversöhnung überzeugt bin, evangelisiere ich mit viel größerer Freude, muß ich doch jetzt nicht mehr zweifeln, ob mein Gesprächspartner die Frohe Botschaft annimmt, sondern weiß bestimmt, daß er eines Tages sowieso gerettet wird; das gibt mir Mut, heute schon mit ihm über sein Heil zu reden.) Für den Allversöhnungsanhänger, der selbst missioniert oder andere kennt, die es tun, wirkt obiger Vorwurf nicht bloß ungerecht, sondern treibt ihn nur noch mehr in die eigenen Reihen; denn wenn er aus diesem Grund das Lager wechseln soll, sieht er keine Notwendigkeit, es zu tun.

Wesentlich scheint mir, daß die biblische Widerlegung der Allversöhnung das Hauptgewicht erhält. Sie muß das Zentrum der Argumentation bilden. Ich erinnere mich an den Vortrag eines namhaften Theologen, der die Allversöhnung in zehn Punkten widerlegen wollte. Von den ersten neun brachte bestimmt die Hälfte zwar richtige und schöne Gedankengänge, die jedoch eine Allversöhnungslehre darstellten und ablehnten, wie sie deren wirklich ernstzunehmende Vertreter fast genauso abgelehnt hätten (zum Beispiel ein philosophisch begründetes zwangsläufiges Eingehen der ganzen Schöpfung in Gott oder Behauptungen wie die, alle Menschen seien bereits gerettet und müßten es nur noch erfahren; die Vorstellung einer Hölle sei grausam, unchristlich und daher zu verwerfen; Gott spreche nicht nur durch die Bibel, sondern durch alle Religionen zu den Menschen u. ä.). Der Referent – so kam mir vor – baute gleichsam einen Strohmann auf und hatte dann leichtes Spiel, ihn umzuwerfen. Punkt zehn sollte die biblische Begründung bringen, aber da war leider (bezeichnenderweise! wenigstens faßte ich das damals so auf) die Zeit abgelaufen, und der Redner meinte nur noch, bei aufrichtigem Lesen würde jeder von selbst die richtige Lösung finden. Das mag zutreffen – unter seinen vorher genannten Voraussetzungen. Aber bei einer richtigen biblischen Behandlung des Themas hätte der letzte Punkt an den Anfang gehört. Sonst fällt ja der Vorwurf, die Allversöhnungsvertreter würden mit einer vorgefaßten Meinung an die Bibel herangehen, auf deren Gegner zurück. Im übrigen verhärtet solch ein Vorgehen allzuleicht die Fronten, weil der Befürworter der Allversöhnung sich mißverstanden fühlt (man unterstellt ihm Ansichten, die er gar nicht vertritt), sich – zumal in den wesentlichen Punkten – gar nicht widerlegt sieht und folglich nur um so hartnäckiger bei seiner Sicht der Dinge verharrt.

Bei einer Argumenation von der Bibel her scheint es mir wichtig zu bedenken, daß die eigentliche Schwierigkeit für den, der die Allversöhnung ernsthaft in Gottes Wort begründet sieht, nicht die Gegenstellen bilden, sondern eben die in seinen Augen so absolut sicheren Belege für eine Rettung aller Geschöpfe. Hier muß ansetzen, wer ihn vom Gegenteil überzeugen will. Wer sich damit begnügt, alle einschlägigen Gerichtsaussagen aufzulisten, erzielt bestenfalls eine Pattstellung; Behauptung steht dann gegen Behauptung. Man wirft dem Allversöhnungsbefürworter einseitige Behandlung der Allversöhnungsstellen vor. Nun, solange diese nicht widerlegt sind, bilden sie für sein Denken unumstößliche Beweise. Warum sollte er – nur weil es da auch noch die Verse vom ewigen Gericht gibt – seine Position verlassen? Könnte man nicht genau dasselbe vom »Gegner« verlangen? Für den gelten zunächst die Gerichtsaussagen als todsicher – aber bitte: hier stehen die Stellen von der Allversöhnung! Was nützt es dem Allversöhnungsverteter, den Gerichtsworten um eines guten exegetischen Gewissens willen nachzugeben, wenn er sich dafür – nach seinem Empfinden – an soundsoviel anderen Stellen ein schlechtes Gewissen einhandelt?

Aus diesen Gründen habe ich die biblische Auslegung zum Teil eins dieser Ausführungen über die Allversöhnung gemacht und in ihm bewußt die Stellen behandelt, die scheinbar eine Allversöhnung befürworten. Dabei geht es gar nicht unbedingt um eine lückenlose, über alle Zweifel erhabene Exegese, sondern zunächst einfach um den Nachweis, daß der doppelte Ausgang der Heilsgeschichte guten Gewissens denkmöglich ist, ohne Schriftstellen vergewaltigen zu müssen.

Hierin erfuhr ich damals leider nur geringe Unterstützung. Von ganz wenigen Ausnahmen abgesehen kam es nie zu einem vorbehaltlosen Gespräch über »meine« Allversöhnungsstellen. Entweder gab man sich damit zufrieden, auf andere Verse hinzuweisen, die das Gegenteil sagten, oder aber man speiste mich mit einigen oberflächlichen, exegetisch unzulänglichen Bemerkungen zu besagten Stellen ab. Und gelegentlich fuhr man vor dem Ansinnen, diese Verse auf die Allversöhnung hin zu durchleuchten, unwillkürlich erschreckt zurück: das durfte nicht sein; allein schon die Fragestellung war ketzerisch. Der gesamte Problemkreis war tabu. Solch eine Haltung wirkt auf den Allversöhnungsbefürworter unverständlich, ja sie bestärkt in ihm den Verdacht, daß der andere unsicher ist und der Allversöhnungslehre noch nie richtig nachging, und festigt ihn in seiner eigenen Überzeugung. Hier dürfen und sollen wir viel selbstbewußter und mutiger vorgehen. Wenn wir wirklich von der Richtigkeit des doppelten Ausgangs der Heilsgeschichte überzeugt sind und wenn diese Ansicht sich auf die Bibel gründet, dann müssen wir das offene Gespräch nicht scheuen und uns vor keiner Bibelstelle fürchten, die uns die Gegenseite vorlegt.

d) Abschließende Bemerkungen

Ein Zweifaches möchte ich – gewissermaßen als Ausgleich zu der geäußerten Kritik an Allversöhnungsvertretern und Allversöhnungsgegnern – noch anfügen.
Den entscheidenden Schritt auf die andere Seite verdanke ich einem älteren Christen, der einige Zeit hindurch mein Seelsorger war. Ihm konnte ich alle meine Bedenken, meine Schwierigkeiten und meine Bibelauslegung vorbehaltlos sagen, ohne daß er entsetzt oder empört reagiert hätte; er hörte sich alles ruhig an, sprach mit mir darüber, gestand mir zu, daß meine Ansichten einiges für sich hätten und daß ihm auch noch manches unklar sei – und blieb doch beharrlich und fest bei seinem Standpunkt. Hier hatte ich endlich eine Vertrauensperson im Lager des »Gegners« gefunden, dazu noch eine mit einem nüchternen, ausgewogenen Bibelverständnis – und letztlich gab das den Ausschlag. Dieses ganz persönliche Moment entschied die Sache endgültig. Für mich war – in Gestalt dieses Bruders – auf der Gegenseite Land in Sicht.
Das sollte jeder bedenken, der einen Allversöhnungsanhänger von der Ewigkeit des Gerichts überzeugen möchte. Es mögen schon etliche Schranken gefallen

sein; der andere spürt, wie sehr seine Position untergraben ist, und gibt dem Gesprächspartner innerlich vielleicht bereits recht – aber da ist noch die menschliche Bindung an seine geistliche Heimat. Hier, in seinem Allversöhnungskreis, hatte er bisher alle seine Vorbilder, seine Freunde, vielleicht auch seine Familie; hier fühlte er sich angenommen und bestätigt; hier war er zu Hause. Von der anderen Seite hingegen hatte er so manches Abwertende gehört, sie mußte ihm geistlich weniger weit gewachsen erscheinen, und von dort war man ihm auch immer wieder mit Mißtrauen und Unverständnis begegnet. Diese starken gefühlsmäßigen Bindungen zu lösen dürfte am schwersten sein; sie reichen noch tiefer als das rein Gedankliche. Beides muß und kann Gott wirken. Bei mir tat er es, indem er mir die Begegnung mit jenem Bruder schenkte, der mir geistlich weit überlegen war und mir ein echter Freund wurde; so konnte ich – menschlich und lehrmäßig – auf der rechten Seite Fuß fassen.

Soviel zur Rehabilitation der Allversöhnungsgegner. Was die ihrer Befürworter betrifft, liegt mir daran, zum Abschluß nochmals zu betonen, daß ich sie, soweit ich sie kennengelernt habe, aufrichtig schätze – als Menschen und als Christen; bin ich doch selbst im Kreis solcher Brüder und Schwestern aufgewachsen. Durch Allversöhnungsanhänger fand ich zum Glauben an Jesus und gewann sein Wort lieb; durch das Buch eines führenden Lehrers der Allversöhnung fand ich nach Jahren geistlichen Stillstands ganz neu zu gehorsamer Nachfolge Jesu zurück. Die wichtigsten Entscheidungen im Leben (Bekehrung und Hingabe) verdanke ich mithin Freunden der Allversöhnung. Gewiß, es war nicht diese

Lehre, die jene Entscheidungen reifen ließ; insofern ist das Ganze unabhängig von ihr. Vielleicht wäre manches ohne sie sogar rascher und klarer gegangen.

Immerhin wird daran deutlich, wie viel Gutes, Biblisches sich auch in diesen Kreisen findet. Wir müssen uns daher hüten, sie pauschal zu verwerfen; wir wollen auch bei ihnen – um ein Wort Jesu (Matth. 23, 23) auf sie anzuwenden – das Gute loben und dabei die entschlossene Abwehr des Schlechten nicht unterlassen.

Die Allversöhnung ist eine falsche Lehre (und nicht etwa nur eine »Sonderlehre«); sie läßt sich biblisch nicht begründen. Und doch sollten wir sehr vorsichtig damit sein, jeden ihrer Anhänger als »Irrlehrer« einzustufen. Wo die Allversöhnung rein philosophisch-menschlich, womöglich unter bewußtem Ausschluß von Hölle, Bibel und persönlichem Gott, vertreten wird, verdient sie die Bezeichnung »Irrlehre« zu Recht. Wo sie jedoch mit einer klaren Verkündigung des Heilsweges verbunden ist, so daß Menschen zum Glauben an Jesus finden können, sind die Voraussetzungen schwerlich erfüllt, die diese Benennung rechtfertigen. Man würde sich ja damit von Christen trennen, die wiedergeboren sind und Jesus als ihrem Herrn nachfolgen.

»Prüft aber alles, und behaltet das Gute. Meidet das Böse in jeder Gestalt!« (1. Thess. 5, 21–22).